Guérir de ses blessures émotionnelles

Le Code de la propriété intellectuelle n'autorisant, aux termes de l'article L. 122-5 (2° et 3°a), d'une part, que les « copies ou reproductions strictement réservées à l'usage privé du copiste et non destinées à une utilisation collective » et, d'autre part, que les analyses et les courtes citations dans un but d'exemple et d'illustration, « toute représentation ou reproduction intégrale ou partielle faite sans le consentement de l'auteur ou de ses ayants droit ou ayants cause est illicite » (article L. 122-4).

Cette représentation ou reproduction, par quelque procédé que ce soit, constituerait donc une contrefaçon sanctionnée par les articles L. 335-2 et suivants du Code de la propriété intellectuelle.

Tout contrevenant sera soumis à des poursuites judiciaires, conformément aux droits internationaux de la propriété intellectuelle.

Ce livre est destiné à des fins d'informations uniquement. L'utilisation des instructions, opinions, produits ou services contenus dans ce livre ne garantit en rien la réussite de vos projets. Ces éléments reflètent les recherches et mises en pratique menées par l'auteur ainsi que des personnes tierces.

No Limits Books n'est pas responsable de la persistance ou de l'exactitude des URL des sites Internet externes ou tiers auxquels il est fait référence dans cette publication et ne garantit pas que le contenu de ces sites restera exact ou approprié.

Copyright © 2023 by No Limits Books

Éditeur : No Limits Books

E-mail : ebook@nolimits-inc.com

Site Internet : nolimitsbooks.com

Lise DWECK

Guérir de ses blessures émotionnelles

Soignez vos blessures intérieures sans consulter un psychologue

Par No Limits Books

Sommaire

SOMMAIRE 7

INTRODUCTION 11

PARTIE 1 : COMPRENDRE LES BLESSURES ÉMOTIONNELLES 13

- CHAPITRE 1 : QU'EST-CE QU'UNE BLESSURE ÉMOTIONNELLE ? 15
- CHAPITRE 2 : POURQUOI ÇA N'ARRIVE QU'À NOUS ? 17

PARTIE 2 : QUELS SONT LES SYMPTÔMES D'UNE BLESSURE ÉMOTIONNELLE OU PSYCHOLOGIQUE ? ... 21

- CHAPITRE 1 : EFFETS PHYSIQUES ET PSYCHOLOGIQUES D'UNE BLESSURE ÉMOTIONNELLE 23
- CHAPITRE 2 : EFFETS D'UNE BLESSURE ÉMOTIONNELLE CHEZ LA FEMME ORDINAIRE ET MODERNE 27
- CHAPITRE 3 : EFFETS GÉNÉRAUX D'UNE BLESSURE ÉMOTIONNELLE 33

PARTIE 3 : COMMENT GUÉRIR D'UN TRAUMATISME OU D'UNE BLESSURE ÉMOTIONNELLE ? 41

- CHAPITRE 1 : L'EFFORT PERSONNEL 43
- CHAPITRE 2 : NE JAMAIS DIRE JAMAIS 49

PARTIE 4 : ÊTES-VOUS PRÊT À GUÉRIR DES BLESSURES ÉMOTIONNELLES QUI VOUS MAINTIENNENT BLOQUÉ ? 95

CHAPITRE 1 : 7 ÉTAPES POUR DIRE ADIEU AUX BLESSURES ÉMOTIONNELLES .. 97
CHAPITRE 2 : AUTRES ANTIDOTES CONTRE LES BLESSURES ÉMOTIONNELLES 109

« Peut-être que nos blessures nous apprennent des choses, elles nous rappellent d'où on vient et ce que l'on a surmonté, elles nous apprennent ce que l'on doit éviter à l'avenir. C'est ce que l'on aime penser, mais ça ne se passe pas toujours comme ça. Il y a certaines choses que l'on doit apprendre et réapprendre encore ».

INTRODUCTION

La majorité des gens qui dépriment, se morfondent de terreur et se culpabilisent, voient les clés du bonheur comme une utopie. Et donc, un virtuel des choses qu'on ne peut pas réaliser. Si votre première remarque sur cette image était tout simplement une lampe, eh bien, je vous prouve le contraire.

À l'époque, j'étais victime de blessures émotionnelles dont personne ne pouvait me guérir, pas même un psychiatre. Mais si je les ai surmontées, c'est parce-que j'ai fait quelque chose d'important que nous allons partager ensemble.

De plus, elle va t'antidoter comme ce que je suis devenue. Je m'appelle Lise Dweck. J'ai 36 ans et je vais vous apprendre à guérir le plus vite possible vos blessures émotionnelles et faire connaître le mécanisme des blessures émotionnelles chez la femme et qui aidera notamment les hommes, à mieux faire la connaissance avec le vaste continent de l'intériorité féminine, « son inquiétante étrangeté » à travers ses divers âges et visages : la petite fille, l'amie, la sœur, l'épouse, la mère et l'amant

PARTIE 1 : COMPRENDRE LES BLESSURES ÉMOTIONNELLES

" Les blessures émotionnelles représentent le prix à payer pour être soi-même. "

Citation de Haruki Murakami

Chapitre 1 : Qu'est-ce qu'une blessure émotionnelle ?

Une blessure émotionnelle est perçue comme une pathologie des émotions, c'est-à-dire une sorte de plaie qui se crée après avoir ressenti des frustrations, des dépressions et même la non-estime de soi. Ces blessures, que nous portons parfois depuis nos premiers jours de vie, très souvent de manière inconsciente, s'expriment à travers les réactions émotionnelles disproportionnées, excessives de notre enfant intérieur. Une blessure émotionnelle se crée, souvent pendant l'enfance, quand nous découvrons que notre comportement ne convient pas aux personnages d'influence qui nous entourent (parent, professeur, ami…).

Alors, malgré la frustration, la colère et la tristesse que nous ressentons de ne pouvoir être nous-mêmes (sous peine de ressentir à nouveau le rejet, la trahison…), nous nous résignons et ainsi, nous créons un « masque » pour ne pas décevoir la personne. Nous préférons renier une partie de nous-mêmes plutôt que de perdre l'amour de l'autre. Ce « masque », nous protège, nous permet de ne pas revivre la souffrance qui résulte du fait de ne pas avoir été accepté lorsque nous étions nous-mêmes.

Chapitre 2 : Pourquoi ça n'arrive qu'à nous ?

Nous grandissons avec ces cicatrices sans se demander « pourquoi ci, pourquoi ça ? »

« Quelle est la meilleure solution ? ».

Eh bien, je trouve cela normal. Vous est-il jamais arrivé de vous demander « À qui la faute ? » ?

« C'est vrai, ça ne va pas du tout et je ne sais pas pourquoi. J'en ai ras le bol, de tout. C'est l'accumulation de petites choses qui traînent depuis longtemps. On essaie d'y réfléchir, oh pardon, j'essaie d'y réfléchir, mais je n'y arrive pas. Je ne sais plus où j'en suis. J'ai du mal à me concentrer, à voir clair en moi. On tourne en rond et on n'arrive pas à s'en sortir. J'ai perdu toute motivation, tout désir et tout envie. Je traîne et je m'ennuie.

Le temps ne s'écoule plus, il est ralenti, un seul jour me paraît une éternité. Je suis triste et je pleure souvent, sans comprendre exactement la raison. Ces derniers temps, je me sentais drôlement irritable, énervée, agacée, agressive, pour tout et rien et je ne sais pas pourquoi. Je n'arrivais plus à dormir.

Dans la journée, je me sentais terriblement crevée, j'avais beaucoup de mal à m'occuper de moi-même, des enfants et de la maison ».

Moi-même, à l'époque, je n'ai jamais pensé à un truc pareil parce qu'à mon avis, ça ne peut pas dépendre de ma volonté. J'ai eu pour la première fois cette pensée à l'âge de 18 ans. Pendant une soirée de fête avec mes amies, j'étais de base timide et le show n'était pas trop mon truc. Je me suis assise, un verre de jus de fruit dans la main et un peu isolée de la salle de fête. Mais à un moment donné, un garçon s'est approché de moi et c'était bien sûr un ami de ma copine. Il voulait à tout prix que je vienne danser dans la salle de fête, mais mon humeur me dévorait tellement que je n'ai pas cédé à son vœu. Mais quelques minutes après son départ, toute la meute s'est approchée de moi en me traitant d'alcoolique, une moins que rien et que je ne méritais pas de venir à cette fête. Prise de panique, je me suis enfuie de l'immeuble pour regagner ma maison, à une allure bien dangereuse. J'ai pleuré toute la nuit.

Et la seule voix qui résonnait de mon intérieur était :

« Tout est de ta faute » ;

« Tu n'aurais pas dû le faire » ;

« Mince, je suis une poisseuse ».

J'ai dû me détacher de ce fardeau avant de me rendre compte que tout ce qui nous arrive dans ce monde, n'a aucun lien avec le hasard. Ce qui devait m'arriver est arrivé et donc, y trouver remède est l'ultime option.

PARTIE 2 : QUELS SONT LES SYMPTÔMES D'UNE BLESSURE ÉMOTIONNELLE OU PSYCHOLOGIQUE ?

« Les maux du corps sont les mots de l'âme. Ainsi, on ne doit pas guérir le corps sans chercher à guérir l'âme »

Platon

Chapitre 1 : Effets physiques et psychologiques d'une blessure émotionnelle

Physiquement parlant, une blessure émotionnelle peut nous amener à nous retrouver isolés, à perdre nos repères et à devoir modifier nos objectifs dans notre vie de tous les jours. Un sportif blessé, par exemple, sera isolé à cause de son incapacité à s'entraîner et devra donc modifier sa routine et tout ce qui structure sa vie habituellement. Il devra aussi modifier ses objectifs suivant la gravité et le timing de la blessure. Cette blessure est aussi fortement constatée à la fin d'une relation amoureuse ou un licenciement professionnel et peut nous conduire à un isolement (avec la perte des collègues, de la valeur sociale offerte par l'activité professionnelle ou la perte de notre partenaire), ce qui modifiera nos repères et nos objectifs (réorientation de carrière, abandon des projets prévus au sein du couple, etc.).

Sur le plan psychologique, cette dernière vient interrompre la planification d'entraînement prévue par un sportif, par exemple, et qui provoque une grande déception et frustration si nous étions habitués à respecter un programme strict et précis. De plus, l'attente du rétablissement et l'anticipation de la fin de carrière sportive qui s'approche peuvent être extrêmement angoissantes.

La fin d'une relation amoureuse remet en cause la "planification temporelle" du couple et met tout un avenir imaginé en pièces, du jour au lendemain. De plus, le rapport au temps dans une relation de couple peut devenir extrêmement angoissant, notamment lorsque l'envie d'avoir des enfants se fait pressante. Pareil dans une carrière professionnelle, un licenciement ou une réorientation remet en perspective le temps à investir pour une nouvelle formation ou la recherche d'un nouvel emploi, ce qui peut également s'avérer terriblement catastrophique.

Par exemple, un boulanger, qui gagne moins d'un centime après la mise en vente de ses produits, n'a plus le moral et « broie du noir », c'est à dire qu'il a regard sombre et rempli de négativité.

Ces symptômes n'ont pas d'exception parce qu'ils sévissent sur les plans relationnel, sentimental et corporel, que ce soit homme ou femme, jeune, vieux et enfant. J'ai commencé par avoir un repli de moi-même, le désinvestissement de l'ensemble de mes activités et les loisirs, d'ailleurs. Une grosse fatigue m'accablait chaque fois que je décidais de vaincre mes blessures.

Tout me paraissait comme une corvée, une « montagne » et je n'arrivais plus à m'endormir correctement. J'avais moins d'appétit, moins de désir et ça fait vraiment mal d'avoir toute une vie en moins (-). Il m'est arrivé une fois de penser au suicide. Oui, en effet, puisqu'à mon avis, c'était l'unique solution que je trouvais à ce moment-là pour retrouver une paix tranquillisée à la saveur de fraise. Je n'ai d'ailleurs plus eu de nouvelles de mes amies (plus de visites ni de sorties). Ce rejet de ces dernières étranglait mon ancienne vie heureuse. Si j'avais réussi à me suicider, je ne serais ni vivante ni une coach de motivation.

Je n'ai pas réussi à me tirer de ce monde à cause des idées nouvelles qui me traversaient l'esprit et parce qu'au fur et à mesure que l'on pense à une solution, le système immunitaire est capable de fabriquer plus d'une centaine d'autres idées. « J'avais pensé à changer de milieu pour trouver le bonheur, mais ça n'a pas marché non plus. À mes 24 ans, je devenais une femme mariée. Je suis tombée enceinte. J'ai eu une très jolie petite fille, mais mon problème n'était pas résolu ».

Chapitre 2 : Effets d'une blessure émotionnelle chez la femme ordinaire et moderne

La femme en général n'est pas davantage victime de ses blessures émotionnelles, mais elle est plus « déprimable », dans la mesure où elle aspire à la dépression de son entourage pour le guérir. En outre, confiante dans sa solidité psychique naturelle, elle n'éprouve pas de gêne ou de honte à exprimer ses douleurs, à se plaindre et à pleurer. Contrairement à la femme, l'homme qui, pour ne s'avouer faible, se replie dans le silence émotionnel.

Mais chez la femme moderne, en progression constante dans nos sociétés, ces maux renvoient à des motifs cultuels, c'est-à-dire à une idéologie pernicieuse, qui, au-delà du vernis trompeur de son « émancipation », la contraint à la perfection, à la toute-puissance, exigeant d'elle qu'elle soit toujours belle, battante, douce, sexy, mère et charmante, toute partout, dehors et dedans. La culpabilité de ne pouvoir correspondre au modèle et à l'image parfaite se voit entrer en collision avec celle de l'enfant intérieur.

Et plus nos problèmes n'avaient pas de solution, plus les blessures s'acharnaient. « Dans cette circonstance de ma vie, je ne vous ai pas encore tout raconté ; je ne vous ai pas encore dit que j'avais perdu ma fille aînée âgée de 1 an, Julie Dweck, il y a de cela exactement 4 ans et demi. Est-ce que vous pensez que ma dépression actuelle viendrait de là ? Voilà, je suis mariée.

Je m'en souviendrai toujours. Ce même jour, le 11 juin, nous devions, mon mari et moi, assister à l'enterrement d'une vieille tante maternelle éloignée. Nous avons décidé de confier Julie à mes beaux-parents pour la journée. Il faisait froid et la petite était enrhumée. Nous avons passé la matinée à l'église et puis, au cimetière, avant de nous rendre chez la famille de la défunte pour boire un verre et manger un morceau, comme le veut la tradition.

Nous étions de retour vers 16 heures chez mes beaux-parents pour récupérer la petite Julie. Nous avons aperçu de loin de maison la voiture rouge des pompiers. On a eu un choc tout de suite, croyant que le papy ou la mamie venait d'être victime d'un malaise, comme cela s'était déjà produit. Cauchemar !

Les pompiers transportaient en fait ma petite Julie inanimée sur un brancard ». « Elle a été prise en charge immédiatement au service de réanimation, mais c'était déjà trop tard. Elle est décédée avant même que mes beaux-parents appellent les pompiers. Le diagnostic a été rapide et sans appel : la "mort subite du nourrisson", sans autre explication.

« Nous étions tous très choqués et effondrés. Ça a été l'horreur absolue, le cauchemar éveillé. Je n'arrêtais pas de me tordre les membres. Je me demandais si j'étais dans la réalité ou si, au contraire, je rêvais. J'allais tellement mal que je ne pouvais même pas pleurer. Mon mari a versé toutes les larmes de son corps. Pas moi, j'étais comme tétanisée ».

« Je ne comprenais pas pourquoi le Seigneur m'avait pris Julie à l'instant même où je me trouvais chez lui, dans sa maison, à l'église, en train de l'adorer, de le prier. Pourquoi m'avait-il ainsi frappée ? Quelle faute avais-je commise ? Pourquoi moi ? Comment pourrais-je désormais continuer à croire en lui, à le prier comme je le fais depuis que je suis toute petite, comme si de rien n'était ? Que signifient toutes ces bonnes paroles qu'on m'a inculquées au cours de catéchisme : Amour-Miséricorde-Pardon ? ... »

Ce moment était mon état d'âme, à cette époque où je regrettais immédiatement mon existence. Dans cette culpabilité-là, je me disais : « J'étais sûrement une mauvaise mère, je n'ai pas su protéger mon bébé, m'en occuper comme il le fallait.

J'aurais dû l'emmener chez le pédiatre dès que j'ai vu qu'elle était enrhumée. Je n'aurais pas dû la confier à mes beaux-parents pour assister aux cérémonies funéraires à l'église et au cimetière. »

Je me sentais horriblement fautive de la perte de mon premier bébé, mais de plus, j'avais peur de perdre le second, celui qui n'était encore qu'un embryon dans mon ventre. Cela me paraissait évident, une mort annoncée, prévisible, une fatalité programmée d'avance. Pouvons-nous dire que cette tragédie était due à mes blessures de départ ? Eh bien, un effet peut à son tour être la cause ou le facteur causal de nombreux autres effets se produisant dans son avenir, ou l'un de ses avenirs possibles.

La relation de causalité, contrairement à celle d'immanence, se produit donc dans le temps. Dans tous les cas, le principe de causalité suppose « la régularité de la nature », ce qui signifie que « les événements de cette nature ont lieu conformément à des lois. Sur cette base, je pouvais facilement conclure mon affaire. Mais sachons une chose. Laquelle ? Lorsqu'une personne subit un traumatisme concret comme celui de mon cas, par exemple, qu'elle se trouve aux prises avec des difficultés réelles, cette dernière à tendance à se borner à ses problèmes, c'est-à-dire une sorte de culpabilité grandiose au point où elle se dit « C'est mort.

J'étais sûre que ça irait au sens contraire » et tout ceci était la cause de mon recul et qui peut l'être pour plein d'autres gens qui s'imaginent l'impuissance d'une solution. Pouvons-nous dire que nos blessures émotionnelles sont physiques comme une pandémie de Covid19 ? Non. Pourquoi ? Parce que, généralement ces pressentiments de culpabilité nous viennent souvent du système immunitaire, autrement dit, notre état psychique émet quelques vibrations négatives qui agissent en amont sur le cerveau et installe à petit feu ces blessures émotionnelles dans les dimensions de notre bien-être ou manière de penser. « Ma mère a été mariée une première fois avec un autre homme que mon père. Son couple ne fonctionnait pas bien et elle n'avait pas d'enfant. À l'époque, elle était serveuse dans un bar, où mon père était client. Un jour, ayant bu un verre de trop, mon futur père a eu un geste déplacé envers la serveuse, ma future mère. Celle-ci l'a giflée. Mon père s'est mis à rigoler, en lui disant : "C'est la dernière fois que vous me giflez. La prochaine fois, vous viendrez m'embrasser" ».

« Peu à peu, se connaissant mieux, ils font la paix et tombent amoureux l'un de l'autre. Ma future mère avoue à son mari qu'elle ne l'aime plus, en lui proposant le divorce. Celui-ci accepte sans complication. Mes futurs parents décident donc de se fréquenter et de s'installer officiellement ensemble. Les parents de mon père s'opposent fortement à cette union.

Ils l'encouragent à mettre fin à la relation. Mais, comme il refuse, mes grands-parents le rejettent, ne pouvant supporter que leur fils s'unisse à une serveuse de bar et par-dessus le marché : divorcée ! Moi, je suis née rapidement, un an après leur première rencontre sans être programmée, sans qu'ils soient mariés. Mes grands-parents finissent par mettre progressivement de l'eau dans leur vin. Ils acceptent de recevoir le couple. Celui-ci décide de régulariser sa situation. Mes parents se sont mariés lorsque j'avais 4 ans. J'étais présente à leur mariage, mais je n'en ai gardé aucun souvenir clair, juste quelques flashs ! »

« Une fois, mon père m'a raconté qu'à la mairie, je n'avais pas l'air bien contente, que je faisais un boucan pas possible ». Il arrive parfois que nos caractères d'enfance nous nuisent une fois étant devenus adultes. Mais il y a des exceptions. Lesquelles ? Ce sont les solutions à nos différents types de problème. Bien que des conditions de vie passée continuent d'agir sur certains, d'autres y trouvent des solutions pour renverser la tendance. C'est ce qu'il faut désormais penser en tant que révolutionnaire des blessures émotionnelles. Renverser la tendance est l'astuce efficace pour changer notre manière de vivre. Le pauvre doit penser à comment changer ses conditions de vie, le malade doit savoir comment trouver un remède à sa maladie.

Chapitre 3 : Effets généraux d'une blessure émotionnelle

Les troubles surviennent lorsque nous ne préservons pas notre santé et que nous devenons irresponsables vis-à-vis de notre alimentation ou de notre sommeil. Une maladie psychologique qui peut survenir en raison de la négligence est un trouble mental. Dans ce cas, la capacité d'apprentissage et la croissance intellectuelle sont affectées. Le trouble mental est une maladie de l'esprit qui affecte le comportement, les sentiments et l'humeur d'une personne. Habituellement, chacun d'entre nous éprouve des sentiments de tristesse, de joie, de santé, de maladie et parfois, cela persiste pendant un jour, une semaine ou un mois. Si ces sentiments perturbent ces croyances, il y a alors un trouble mental ou émotionnel. Les troubles commencent dans l'enfance ou l'adolescence et peuvent rester non diagnostiqués ou non traités pendant des années. Le chaos émotionnel entre dans la catégorie des troubles mentaux dans lesquels les émotions sont perturbées dans une certaine mesure, et ce, en raison d'anomalies dans le développement du cerveau ou dans son fonctionnement. Si vos émotions et vos sentiments ne sont pas dans un état correct, il s'agit d'un problème psychologique. Si la personnalité de l'individu se manifeste clairement par une pensée indûment émotionnelle et un comportement dramatique, c'est une indication claire d'un trouble émotionnel.

Les problèmes émotionnels ne sont pas très spécifiques, il s'agit d'une corrélation entre les troubles et des facteurs particuliers tels que l'abus physique, la pauvreté, la négligence, le stress parental, les attentes excessives, les changements de règles, les confusions et ainsi de suite. Les personnes déprimées souffrent d'un coup de blues. La dépression est un sentiment de tristesse, de désespoir et d'impuissance. C'est comme si vous étiez dans l'ombre.

La plupart du temps, la dépression peut être traitée, car elle vous donne envie de vivre. Ne vous sentez pas gêné de demander de l'aide si vous ne vous reposez pas à cause de la dépression. Elle peut également être causée par des médicaments tels que les somnifères ou les médicaments contre l'hypertension, mais aussi les drogues. Les victimes de ces blessures émotionnelles souffrant de dépression se tournent vers les médicaments en raison de ce sentiment de déprime et dans certains cas extrêmes, cela conduit au suicide. La psychothérapie, les antidépresseurs, l'exercice, une alimentation saine, un bon sommeil et la planification de la vie sont les traitements de la dépression.

Phobie

La phobie est une peur irrationnelle d'une chose spécifique. Pour la plupart des gens, les craintes sont mineures, mais lorsqu'elles deviennent graves, elles provoquent une anxiété énorme et perturbent la vie normale. Les phobies courantes sont les endroits proches, la hauteur, les serpents, les aiguilles, etc. Toutes ces phobies sont curables dans une large mesure. Elles se développent surtout chez les enfants et ont un impact négatif sur leur vie. Une phobie importante consiste à avoir peur de tout, ce qui est grave et incurable. Elle peut pousser la personne à se suicider. Son traitement consiste à la surmonter par soi-même ou à reconnaître sa force intérieure. La thérapie comportementale, le contre-conditionnement et le processus thérapeutique systématique peuvent aider l'individu phobique. L'alimentation émotionnelle, l'un des problèmes émotionnels les plus facilement identifiables. Si nous sommes perturbés sur le plan émotionnel ou si nous ne parvenons pas à exprimer nos sentiments, nous nous mettons à manger trop ou pas assez, en raison de nos sentiments ou de nos craintes. Le diagnostic de l'alimentation émotionnelle est assez délicat. Les psychologues disent que l'alimentation émotionnelle est causée par le stress et qu'elle peut également entraîner l'obésité. La colère, la honte, la culpabilité, la solitude, la peur et l'ennui sont autant de facteurs qui poussent une personne à manger de manière émotionnelle, ce qui est moins nutritif et qui de plus, est nocif pour le corps. La question la plus importante est de savoir comment arrêter pour tout le monde. Le mécanisme d'adaptation ne fonctionne que dans cette situation. La motivation et le partage de vos pensées ou de vos sentiments sont le remède grâce auquel la personne arrête de manger et se concentre sur d'autres nécessités de la vie.

<u>L'entêtement</u>

L'entêtement est un problème émotionnel qui survient en raison de la peur de perdre quelque chose et qui rend la personne rigide par rapport à tout ce qu'elle a dans sa vie. Le conseil est le meilleur moyen de guérir ce comportement émotionnel. De nombreuses personnes prennent ce mot "obstination" très au sérieux et le qualifient d'orgueilleux, de rebelle, d'infidèle, d'avide et de provocateur, ce qui est vrai si l'on a une perception appropriée. Les gens utilisent également des mécanismes de défense pour soutenir leur rigidité, ce qui n'est pas la bonne façon de faire. Une personne doit consulter un conseiller pour se faire soigner, au pire des cas.

<u>Hypersensibilité</u>

Bien que le fait d'être sensible ne soit pas un crime, l'hypersensibilité entraîne des problèmes de santé.

Dans l'ensemble, ces études omettent de différencier les émotions consciemment éprouvées, les émotions pleinement vécues dans le corps d'une manière directe et ouverte, telles qu'elles apparaissent et celles qui ne le sont pas, demeurant « bloquées » dans l'organisme.

Par ailleurs, la prolifération, au cours des dernières décennies, de méthodes thérapeutiques en psychologie, dans les courants du nouvel âge et les mouvements de désintoxication, a introduit une ère nouvelle où il faut être en contact avec ses émotions. Désormais, la mode est aux psychothérapies, autrefois stigmatisées. Tout un chacun, semble-t-il, suit une thérapie, entreprend une cure de désintoxication ou adopte une méthode de guérison. On avale du Prozac, du Zoloft ou du Paxil.

Il paraît que nous sommes persuadés, comme société, qu'un effort adéquat est susceptible d'éliminer la souffrance affective. Dans l'un ou l'autre cas, que ce soit par le contrôle ou la catharsis, nous sommes d'avis que les émotions négatives constituent un dangereux obstacle à une vie heureuse et il s'agit dès lors pour nous de les supprimer, pas d'en tirer un enseignement. Au cours de mes neuf années de carrière en psychothérapie, j'ai entendu bien des récits malheureux. Quand les gens viennent me consulter pour une « thérapie du blabla », ils portent généralement leur douleur psychologique comme un stigmate honteux. Ils croient souffrir en raison d'une imperfection intrinsèque causée par des parents inaptes et espèrent que la thérapie les débarrassera de cette lacune et effacera à jamais leurs émotions douloureuses.

Beaucoup sont persuadés qu'en suivant une psychothérapie jusqu'au bout ou en lisant bon nombre de bouquins de psychologie populaire, ils réussiront à mener une existence totalement exempte de souffrance. Mais la vérité ressemble davantage à la fameuse observation biblique : « l'homme engendre la souffrance aussi certainement que les étincelles volent en l'air. » Personne ne s'y soustrait complètement. Tous, nous pleurons les inéluctables pertes que nous réserve la destinée.

Tous, nous redoutons l'incertitude et la vulnérabilité inhérentes à l'existence terrestre. Et, de plus en plus, en tant que peuple, nous connaissons le désespoir qu'entraînent les rapports humains perturbés, les traumatismes fortuits, le vide intérieur, la dégradation et la terreur globales. Ces blessures émotionnelles font partie de notre héritage tout autant que la joie, l'émerveillement et l'amour, même si nous préférons parfois ne jamais avoir à les vivre. Baal Shem Tov, un mystique juif légendaire du XVIIIe siècle, enseignait et démontrait qu'afin de se rendre maître de ses tourments, il faut savoir comment plonger à fond dans l'émotion sans se laisser régir par elle. J'appelle ce processus « alchimie des blessures émotionnelles » ; il consiste à demeurer connecté à l'énergie d'émotions douloureuses, à prêter attention à celles-ci, à les apprivoiser et à s'y abandonner consciemment, sans être dépassé.

Voilà comment se mettre à l'écoute du langage du cœur. Guérir grâce aux blessures émotionnelles représente une odyssée à découvert au cœur de la vulnérabilité, une immersion dans la souffrance. Ce n'est pas une fuite. Nous en arrivons souvent à ce processus quand nous sommes au désespoir. Nous avons peut-être tenté, par quelques vains moyens, de traiter nos sentiments douloureux à l'aide de drogues, de nourriture, de divertissements ou d'autres procédés. Pire encore, nos efforts pour soigner ou anesthésier notre douleur ne font que la compliquer ou la prolonger.

À ce stade, il devient évident qu'il n'existe pas d'autre issue que de passer au travers. Guérir grâce aux blessures émotionnelles, c'est ne pas s'armer contre les problèmes. Il s'agit d'une exploration chamanique dans l'univers souterrain et ténébreux de l'affectivité où la seule manière de maîtriser l'énergie émotionnelle sombre consiste à la vivre pleinement. À l'instar du chaman tribal qui s'aventure dans le monde des esprits afin d'en rapporter la connaissance des remèdes propres à soulager les âmes perturbées, l'alchimiste de l'émotion plonge dans les tréfonds de sa douleur afin d'en découvrir la sagesse qui lui permettra de guérir et de se transformer.

PARTIE 3 : COMMENT GUÉRIR D'UN TRAUMATISME OU D'UNE BLESSURE ÉMOTIONNELLE ?

" Lorsque tu peux raconter ton histoire sans qu'elle te fasse pleurer, cela veut dire que tes blessures sont guéries. "

Chapitre 1 : L'effort Personnel

Le pouvoir de l'écoute constitue l'assise de la guérison. Mon premier enfant, Julie, a vécu et est morte chez mes beaux-parents. Aaron a vu le jour, long et tout rose, avec un chagrin sans nom au fond de son regard apparemment ancien. Son âme était encastrée dans un petit corps sans faille qui, telle une fleur, s'est fané et a péri au bout de soixante-six jours.

Pendant les périodes où je veillais sur Aaron, je ne quittais jamais l'hôpital, sauf pour rentrer dormir. Au cours de ses deux mois de vie, mon univers se restreignait à l'unité 33, l'étage de neurologie néonatale où les nourrissons ont des drains dans la tête, où les petits ont le regard vide, hagard, tandis que d'autres voient la chimie de leur cerveau érodée par des convulsions continues et incontrôlables.

C'était le royaume des moniteurs cardiaques clignotants, des tomographies cérébrales et des analyses médicales sans fin, des parents au regard assombri par une impitoyable amertume. Un monde de veille quotidienne, de prière et d'anxiété de tous les instants : « Qu'est-ce qui ne va pas avec mon bébé ? Quand pourrons-nous rentrer avec lui à la maison ? »

Une visite incontournable chez le dentiste fut l'une de mes premières incursions hors de cet univers. Le Dr Ross examina mes dents et mes gencives et fit le travail nécessaire. Je ne prêtais aucune attention à ses gestes, étant ailleurs, avec Aaron. « Ça va ? Vous n'êtes pas bien ? » Sa sollicitude inattendue me toucha. J'ai simplement répondu : « Je ne suis pas malade.

J'ai donné naissance à un enfant qui ne peut pas quitter l'hôpital. » Les larmes coulèrent sur mes joues, incoercibles.

Sans un mot, le dentiste tourna les talons et sortit. J'ai d'abord songé qu'il était allé chercher un instrument pour terminer son travail. Il n'avait certes pas fini, puisqu'il m'avait laissée là, immobilisée dans mon siège surélevé, un plateau dentaire sur les genoux. Mais cet homme n'est jamais revenu. J'ai attendu un peu avant de m'extirper de la chaise et de sauter sur le sol. Je me rappelle avoir déambulé dans la rue, où tout ne m'apparaissait qu'en noir et blanc, avec des nuances de gris. Ma perception s'était altérée, mon monde avait perdu ses couleurs …

Pourquoi cet instant a-t-il été si marquant ? Ce dentiste n'était pas un ami. Je n'avais aucune attente vis-à-vis de lui, sinon qu'il s'occupe de ma dentition. Son manque d'égard professionnel n'avait aucune importance.

Et pourtant, l'absurdité d'être abandonnée sur ce siège, dans le cabinet de cet homme bon, mais incapable de supporter ma douleur, m'a mise en état de choc. Son geste avait touché quelque chose de plus profond, l'expérience commune de ceux qui pleurent une disparition ; j'avais l'impression de mener une vie qui ne pouvait être entendue. Et l'isolement que cela provoqua fut suffisamment brutal pour oblitérer les couleurs de l'univers de n'importe qui. En l'absence de quelqu'un qui prête une oreille attentive, le processus de guérison échoue. À la façon des plantes qui cherchent le soleil, les êtres humains se tournent vers les autres par un tropisme inné de guérison. À certains moments, nous avons un besoin encore plus vital que celui de nous alimenter, soit d'être vraiment écoutés. L'écoute attentive de la douleur de l'autre est une forme de soin primaire capable de guérir même les afflictions humaines les plus terribles, dont les blessures et les cicatrices résultant de la violence, des horreurs de la guerre ou de traumatismes à grande échelle. Les enfants expriment spontanément leur souffrance s'ils trouvent une oreille attentive ; mais en son absence, ils apprennent alors à la dissimuler.

Très tôt, j'ai appris à m'y arrêter. Je suis née dans un camp pour personnes destituées ; on y accueillait des réfugiés. C'était dans le sud de l'Allemagne. Ce camp, vestige de la persécution des Juifs par Hitler, fut mon premier chez-moi. Mon héritage, ce fut l'Holocauste ; il est gravé dans mes cellules, sans toutefois faire partie de mes souvenirs. Mes parents, des juifs polonais, ont survécu à la captivité, à la destruction de leur famille respective et de leur univers. Je n'ai pris conscience de leur histoire qu'à l'âge de treize ans. Mais d'aussi loin que je me souvienne, je percevais leur tristesse, leur peur et leur désespoir. Sensible aux énergies émotionnelles tacites qui ont imprégné mon enfance, j'ai grandi en ayant le sentiment de leur puissance et la certitude que de m'arrêter à la souffrance porterait ses fruits. Il n'est donc pas étonnant que j'aie fait de l'écoute l'œuvre de ma vie. Je suis à l'aise avec la souffrance exprimée, pas avec celle que l'on tait. Je trouve l'écoute stimulante.

Par mon travail, j'ai eu l'occasion de constater à maintes reprises que la guérison émotionnelle repose essentiellement sur l'écoute de ce qui fait mal-1' écoute de soi par soi-même, mais aussi par une tierce personne. C'est là un des grands paradoxes de l'existence : même si toute guérison affective l'exige, être à l'écoute de la souffrance reste difficile.

Et plus grande est la souffrance, plus éprouvante sera l'écoute. Les blessures émotionnelles sont désagréables ; elles sont aussi contagieuses. Si nous ne tolérons pas les désagréments, il sera difficile de prêter l'oreille aux sentiments émotionnels en nous et chez l'autre. Le spectre des émotions intolérables contrariera nos intentions les plus compatissantes et entachera nos amitiés.

Sans cesse assaillis par la cacophonie des souffrances du monde, nous nous cuirassons, notre authenticité et notre réactivité s'émoussent. Et nous souffrons de ne pas connaître le côté plus obscur de notre être. En raison de la difficulté à gérer leurs souffrances et du soulagement que procure le fait d'être entendus, des millions de gens dépensent des fortunes en quête de psychothérapeutes, dont le rôle consiste à écouter. Être à l'écoute professionnellement, c'est pénétrer un territoire sans destination. Il ne s'agit pas seulement d'entendre des mots ou de déchiffrer les formes du langage corporel. Voici la définition du mot « écouter » dans le dictionnaire Webster : « Entendre avec une attention réfléchie. »

Et pourtant, lorsqu'on prête une oreille attentive, la pensée suspend son cours. On écoute avec le système limbique et une oreille intuitive, tout autant qu'avec le cortex cérébral. Il est nécessaire de faire le vide en soi afin d'assimiler l'histoire de l'autre, de s'ouvrir aux mouvements énergétiques de l'émotion, de s'unir par l'empathie, à l'expérience de l'autre. Nonobstant la formation ou l'orientation du thérapeute, voilà le secret de la réussite de n'importe quelle thérapie : l'écoute attentive, comme par une grâce, transforme la souffrance.

Dans une culture qui respecte davantage la tête que le cœur, on n'enseigne généralement pas aux étudiants en psychothérapie l'art de l'écoute attentive. Les thérapeutes en herbe apprennent à théoriser et à analyser, à diagnostiquer et à pronostiquer, à interpréter et à questionner. Mais jamais à écouter. Si la souffrance d'une personne est entendue clairement lors d'une séance de psychothérapie, un processus alchimique se déclenche. Quelque chose qui, au départ, prend la forme d'une angoisse désespérée, mais inarticulée, ou encore d'une mystérieuse douleur dans le corps, devient alors cohérent, tel un récit. Parfois, une histoire inattendue ou un fragment de récit fait surface.

Le souvenir diffus d'une agression par une bande de garçons se dessine plus précisément et le visage des assaillants apparaît, parmi lesquels on reconnaît un frère ou un cousin. L'espace d'un instant émerge l'image fugace d'un père, un fusil sur la tempe, réfléchissant à son suicide imminent. « Cette histoire est-elle avérée ? interroge le narrateur. S'est-elle vraiment produite ? » D'autres fragments discordants devront être incorporés graduellement. Dans d'autres cas, aucune histoire nouvelle n'émergera, mais bien plutôt un souvenir ancien qui, cette fois, sera éprouvé dans son intégralité. Les rétributions de l'écoute, cependant, ne sont pas toujours attendues ni bienvenues.

Chapitre 2 : Ne jamais dire Jamais

Robert se propose de suivre une thérapie afin d'évaluer son mariage. Il est marié depuis douze ans et est père de trois enfants en bas âge. Il n'est pas heureux avec sa femme et aimerait parvenir à mieux écouter. Peu à peu, à mesure qu'il explique avec davantage de sincérité sa souffrance dans ce rapport, il comprend que Jane n'est pas la seule à ne pas lui prêter attention ; en effet, il n'est pas non plus à l'écoute de lui-même. Il se met donc davantage à l'écoute et ce qu'il entend le déçoit.

La peur qu'il avait que sa femme ne l'aime plus s'inverse et il comprend donc que ce qu'il redoute encore plus, c'est que lui ne l'aime plus ... Et qu'à dire vrai, il ne l'a jamais aimée. Il s'est marié tout jeune homme, se connaissant mal, ignorant tout de ses motifs et de la personne qu'il épousait. Le récit de la souffrance de Robert n'est plus celui d'une femme indifférente, mais d'un homme qui craint de n'avoir jamais aimé quiconque et qui doute d'en être capable.

Et cette dernière histoire est bien pire que celle qui l'avait d'abord incité à consulter. Elle le confronte à un choix terrifiant : préserver cette union ou y renoncer. Pour trouver une solution, Robert a dû entreprendre une démarche abrupte et difficile afin de guérir, grâce à ses blessures émotionnelles. Écouter sa propre souffrance peut révéler une connaissance menaçante. Que découvrirons-nous, si nous tendons vraiment l'oreille ? Serons-nous en mesure d'accepter ce que nous apprendrons ? Qu'exige de nous cette découverte ? Entreprendre un tel voyage requiert un grand courage : celui de guérir.

De même que d'écouter les autres favorise leur guérison, l'écoute de soi recèle la clé de l'autoguérison. La guérison la plus profonde découle souvent de la douleur la plus aiguë, précisément parce que celle-ci ne disparaîtra pas et nous contraindra à y plonger ; si nous n'y prêtons pas attention, l'unique alternative serait de nous dissocier de la vie elle-même.

Ainsi, la douleur peut s'avérer être un excellent maître de l'écoute. Par l'écoute de nous-mêmes, nous découvrons qui nous sommes, ce que notre corps sait et la sagesse émotionnelle que recèlent nos cellules. Tout doucement, si nous respectons ce que nous entendons, la guérison survient et nous nous mettons à vivre pleinement. Prêter une oreille attentive à ce qui fait mal dévoilera ce que la vie exige de nous. Le langage du cœur n'aura plus de secrets pour nous. Et nous obtiendrons les conseils dont nous avons besoin.

Nous sommes assises en cercle. Six femmes sont réunies en vue d'une guérison affective ; je leur demande d'expliquer ce qu'elles ont appris sur les émotions douloureuses au sein de leur famille. La lueur des sept bougies éclairant la pièce donne un caractère cérémoniel à la simple narration de leurs histoires. Meg commence. « Quand j'exprimais mes sentiments, la tristesse en particulier, on me disait : "Ne sois pas ridicule !"

Alors, quand je ressentais quoi que ce soit, je trouvais refuge dans la solitude de la forêt. Mis à part les drogues, c'était mon seul réconfort. Personne n'était là pour m'écouter. Je devais m'occuper de ma douleur toute seule. Le soir, je m'endormais en versant des larmes silencieuses pour que personne n'entende ». « Je recevais le même message », reprend Marie. « J'ai appris à diriger les mauvais sentiments contre moi-même, à me blâmer et à me détester devant mes échecs.

Je ne pleurais à aucun moment. Je réprimais tout, ne consentant jamais à exprimer quoi que ce soit ». Nancy poursuit sur le même thème. « Dans ma famille, le message était : "Ici, nous n'éprouvons que des sentiments heureux. Quiconque se fâche est un ingrat."

Si quelqu'un était malheureux, on le confinait à sa chambre pour qu'il réfléchisse. L'inquiétude et l'anxiété étaient les seules émotions que je m'autorisais à ressentir. Je vivais hantée par un mauvais pressentiment : si j'exprimais une émotion, quelque chose de terrible allait m'arriver. J'évitais donc, tout en m'organisant, en me tenant occupée, en restant active, en m'efforçant d'être une petite fille sage. Et c'est ce que j'étais ». « Mes parents ignoraient tout simplement celui qui ressentait quoi que ce soit », déclare

Damienne. « Nous nous tâchons d'éprouver aucun sentiment, peu importe sa nature et faisions ce qui devait l'être. Je ne laissais jamais transparaître mes émotions, pas même dans le secret de mon cœur. Je me forçais à l'indifférence, je décrochais, évitant tout conflit ». « Ma mère était le seul membre de la famille justifiée d'avoir des émotions », poursuit Rosalie. « Elle ne parvenait pas à se maîtriser.

Quand elle piquait une colère, elle ouvrait la porte de nos chambres en nous hurlant : "Imbéciles !" Elle gémissait et gueulait. Il fallait la prendre avec des pincettes. Il était interdit de la déranger. Nous vivions dans un champ de mines émotionnel, ne sachant jamais ce qui déclencherait une crise. Nous avons tous grandi fermement, résolus à ne pas être émotifs comme elle. Au lieu de ressentir, je volais. Il m'a fallu des années avant de comprendre à quel point cette cleptomanie recelait de la colère. »

Patricia est la dernière à prendre la parole. « J'ai appris que les seules manières d'aborder mes sentiments, c'était l'hostilité, la bouteille ou la drogue. C'est ainsi que se comportaient mes parents et mes frères. Pendant des années, j'ai été une accro des drogues, jusqu'au jour où j'ai compris que si je ne m'occupais pas de mes émotions, j'allais mourir. » Ces récits révèlent une culture où le dénominateur commun de l'éducation affective est la suppression, l'intolérance, la culpabilisation, la punition et la négligence. Où les modèles sont souvent émotionnellement hors de contrôle ou ignorants. Une culture où l'on apprend à éviter la puissance de l'émotion par divers moyens : en se tenant très occupé, en évitant les problèmes, en s'engourdissant sur le plan affectif, en passant à l'acte, en prenant des drogues.

Dans un tel contexte, l'énergie des blessures émotionnelles se mue généralement en une foule de comportements et d'états mentaux toxiques, dont l'anxiété, la dépression, la dépendance, la maltraitance, l'hébétude psychique, la violence et l'isolement. Les plus chanceux parmi nous étaient doués, enfants, d'un spectre complet de teintes affectives. S'ils étaient tristes, ils pleuraient. Heureux, ils éclataient de rire. Si la peur les assaillait, ils l'exprimaient. Personne ne leur faisait comprendre qu'ils étaient mauvais, fous ou malades.

On les cajolait, on les chérissait, on les consolait, on les réprimandait avec respect. Mais la plupart d'entre nous n'ont pas connu ces privilèges de l'enfance. Quand nous étions tristes, on nous intimait de nous taire ; si nous étions en colère, on nous contraignait au silence ; quand nous étions angoissés, on nous repoussait. En somme, on nous obligeait à maîtriser nos émotions ou, à défaut, de les dissimuler. Nous avons appris à redouter la puissance brute de l'émotion et son expression.

J'appelle cette peur qui pèse sur notre civilisation « phobie des émotions ». On nous a montré, au sein même de notre famille, à nous méfier de nos sentiments et à en avoir honte. Ne pas prêter attention aux sentiments douloureux relève d'une tradition commune à des foyers de diverses ethnies, races et religions, de différents milieux économiques.

Lorsque culpabiliser ou ignorer l'émotion ne fonctionne pas, on peut toujours menacer d'un châtiment. Et ce genre de traitement est surtout infligé aux garçons qui affichent leur souffrance ; cependant, les filles apprennent aussi à se taire. Dans l'ensemble, ces dernières apprennent à souffrir en silence et on enseigne aux garçons à tout simplement nier qu'ils ont mal. Même si nous n'avons pas connu l'humiliation, le châtiment, la négligence ou la contrainte en exprimant des sentiments humains ordinaires, une fois à l'âge adulte, nous devons endiguer leur libre cours ; c'est du moins ce à quoi les autres s'attendent.

Désormais, nous sommes censés maîtriser les règles internes exigées par la phobie de l'émotion. On nous a inculqué que les émotions sont inappropriées dans n'importe quel contexte, sauf dans une relation intime. En public, il faut se montrer maître de soi ; si jamais nous montrons des pleurs, nous nous excusons à profusion, comme si le fait d'afficher un chagrin sincère était inconvenant et témoignait d'une faiblesse psychologique.

La mère de l'une de mes clientes lui répétait, enfant, quand elle pleurait : « Ne pleure pas ou alors tu n'auras plus de larmes quand tu en auras vraiment besoin. » Une autre se voyait accusée de « faire une dépression » si elle exprimait sa tristesse. Souvent, en construisant ces stratégies adultes pour s'adapter à l'émotion, nous devenons étrangers à nous-mêmes. Les feux de notre nature humaine passionnée s'estompent ou s'éteignent.

Les teintes de notre palette affective perdent leur vivacité et leur intensité. Pour plusieurs, elles se sont durcies et se sont asséchées en un résidu terne et grisâtre. Quelques enfants échappent à ce sort, mais ils en paient le prix. Ces jeunes qui préservent leur aptitude à ressentir l'émotion que d'autres ignorent ou désavouent sont couramment catalogués comme des êtres « hypersensibles ». On dénigre ainsi leur authenticité et leur vivacité, leur conscience de soi et leur capacité d'empathie. Kate, une enfant particulièrement sensible, se rappelle s'être un jour précipitée en pleurs dans les bras de sa mère en lui disant : « J'ai l'impression d'avoir atterri sur la mauvaise planète. Je ressens et perçois tout et tout le monde se comporte comme s'il ne le fallait pas. » Heureusement pour elle, sa mère respectait sa faculté de « tout ressentir ».

Mais en dépit de cela, Kate intériorisait les messages phobiques diffusés par notre société. Ignorer, oblitérer et culpabiliser ou punir l'émotion constitue les trois types d'éducation parentale qui conduisent le plus souvent à l'illettrisme affectif chez l'enfant. Dans son ensemble, notre culture propage cette incompétence. Au sein d'une civilisation obnubilée par la phobie des émotions, la plupart d'entre nous ne savent pas comment être adéquatement à l'écoute de la douleur psychologique. Pourquoi ? Pour la simple raison que nous n'avons jamais appris que c'est là une bonne chose et nous n'avons également pas appris comment nous y prendre.

À l'école, à peu près tout ce que chacun apprend sur les émotions négatives, c'est qu'il est mal venu de les « afficher ». On aborde à peine la nature de ces émotions ou leur fonctionnement. Pour leur part, les institutions religieuses professent que la peur, le désespoir ou la colère traduisent le péché ou une foi insuffisante. Bien que la psychologie populaire semble rendre hommage au fait d'être en contact avec ses émotions, voire de s'y vautrer, on s'attache plus souvent au fait de s'affranchir des blessures émotionnelles, pas à les écouter ou à en tirer un enseignement. Toutes ces approches omettent la notion que les émotions, qualifiées de positives ou de négatives, ont leur raison d'être et quelque chose à nous enseigner.

En médecine et en psychiatrie, le message prépondérant est celui-ci : si ça fait mal, il faut prescrire une ordonnance. Comme nous le verrons dans les pages suivantes, la solution pharmaceutique à la dépression s'est avérée à la fois une aubaine, mais aussi un fléau. Si, pour plusieurs patients, elle constitue un remède efficace contre un mal qui, lorsqu'il s'aggrave, peut devenir invalidant, les nouveaux antidépresseurs ne font qu'accentuer la tendance à rendre synonymes absence d'émotions douloureuses et santé mentale équilibrée.

On nous conditionne de plus en plus à un faible seuil de tolérance face aux sentiments mauvais et à tout type d'information qui n'est pas diffusée en octets sonores de dix secondes, qui n'apparaît pas sur notre écran d'ordinateur en une nanoseconde ou qui ne nous éblouit pas par des images étourdissantes passant avec une frénésie kaléidoscopique.

La psychopharmacologie, responsable de la révolution Prozac supposée offrir une cure sociale à notre désespoir, a participé à la conquête de la douleur qui s'imposait. En médecine et en psychiatrie, le message prépondérant est celui-ci : si ça fait mal, il faut prescrire une ordonnance. Comme nous le verrons dans les chapitres subséquents, la solution pharmaceutique à la dépression s'est avérée à la fois une aubaine et un fléau.

Le côté sombre de la révolution de l'information, de la vogue des gadgets technologiques et des valeurs visuelles de la culture populaire, c'est la diminution de notre capacité d'écoute attentive et soutenue de nous-mêmes, les uns des autres et de la Terre elle-même. En bref, si écouter la souffrance est une aptitude exigée par l'alchimie émotionnelle, ce n'est pas ce que nous cultivons dans notre société effrénée, en quête de plaisirs et du jetable. Depuis presque tous les points de vue, notre culture nous apprend à ne pas écouter.

« Pour apaiser sa souffrance, il faut la vivre jusqu'au bout »

MARCEL PROUST

Lorsque la vie suit son cours normal, que nous sommes absorbés dans nos activités, nous opérons généralement plongés dans un état de manque de mémoire profond. Nous oublions ce que Bouddha appelait « première noble vérité », soit que la vie est souffrance. Il va sans dire que le moi de tous les jours, nommé ego par les psychologues, accepte mal cette réalité indigeste. Il préfère l'illusion qui nous porte à croire à notre invulnérabilité devant la souffrance inhérente à la condition humaine. Cependant, la vie trouvera immanquablement le moyen de nous réveiller. Un événement survient un jour et nous voilà sous l'empire d'une puissance formidable qui nous rappelle que nous ne sommes pas maîtres à bord. La vie est incommensurable ; elle dépasse l'ordre du jour de notre minuscule ego.

Auparavant, nous ne nous posions probablement jamais les questions du genre : « Pourquoi suis-je ici ? » et « Quel est le sens de ma vie ? ». Mais nous sommes aujourd'hui assaillis de dilemmes métaphysiques : « Où est Dieu ? », « Quel sens faut-il donner à la souffrance ? » Voilà les questions que posait Job aux temps bibliques. Homme droit, fervent serviteur de Dieu, il jouit de la prospérité et d'un sort enviable quand, soudainement, une perte atroce l'afflige. Son destin semble alors sujet aux caprices de la Providence.

Parcourant la Terre entière en quête de quelqu'un à tourmenter, Satan lance un défi à Dieu : soumis à une dose suffisante d'adversité, même un homme de bien en viendra à maudire Dieu. Ce dernier, à qui une gageure ne fait pas peur, consent à ce que son fidèle serviteur devienne la cible de la pagaille de Satan, misant sur la foi inébranlable de Job.

Balayée d'un seul coup, la bonne fortune de Job est anéantie. On lui dérobe ses moutons, ses chameaux, ses bœufs et ses ânes. Ses bergers sont attaqués et assassinés. Tous ses enfants, sept fils et trois filles, périssent dans l'effondrement de leur maison, lors d'une tempête. Dans le temps de le dire, l'homme le plus riche d'Orient devient le plus déshérité des êtres humains. Job est démoli, mais ne perd pas la foi : « Nu, je suis sorti du sein de ma mère, nu, j'y retournerai.

Le Seigneur avait donné, le Seigneur a repris ; que son nom soit béni ! » Satan n'est pas satisfait du résultat. Il soutient que Job est resté fidèle parce qu'il n'a pas souffert de maux physiques. Dieu donne donc carte blanche à Satan ; qu'il fasse subir à Job ce qu'il lui plaît, pourvu que sa vie soit épargnée. Couvert de furoncles et d'abcès purulents de la tête aux pieds, Job s'assoit sur le sol poussiéreux. Souhaitant mourir, il n'a qu'un seul désir : raconter son histoire, proclamer son innocence et démontrer l'injustice qu'il a subie, négocier avec Dieu.

Job a trois amis venus partager son chagrin ; ils sont témoins de ses paroles à l'égard de Dieu, qui coulent comme du sang de ses lèvres : « Les flèches du Tout-Puissant sont criblées en moi, et mon esprit en boit le venin ; les terreurs de Dieu m'assiègent. » Aveugle à l'immensité de la douleur de Job, le premier de ses amis consolateurs lui dit que sa foi le protégera des préjudices. Le deuxième déduit que Dieu étant juste, Job doit s'être rendu coupable de quelque offense et que sa souffrance est justifiée. Quant au troisième, il exhorte Job, malgré son innocence, à se repentir de ses péchés.

« Que signifient donc ces vaines consolations ? Toutes vos réponses ne sont que perfidie !» de gémir Job.

Il avait espoir que ses amis l'accompagneraient dans sa détresse et son outrage, mais c'est justement ce dont ils sont incapables. Au contraire, ils le rendent responsable de ses malheurs et lui offrent des explications qui, simples baumes de pacotille, ne font qu'aggraver ses blessures cuisantes. Leur théologie conventionnelle leur sert d'armure, les protégeant contre l'expérience interposée de l'extrême vulnérabilité de Job. L'intérêt du Livre de Job réside dans le contraste entre la voix authentique qui exprime sa souffrance et les « réconforts » théologiques creux de ses consolateurs, entre la poésie de la calamité et la futilité des explications ou des consolations face à l'intensité de cette douleur, à un malheur simple.

À la fin de ce livre, nous ne connaissons pas plus qu'au début les causes de la souffrance de cet homme. Au cœur de la vulnérabilité de Job, le mystère demeure. Ce que je connais personnellement de la vulnérabilité, je l'ai appris de manière fort brutale, à la naissance de mon premier enfant. J'étais folle de joie. Les couleurs me paraissaient vives, la musique euphorique, l'air frémissait d'une énergie intensément vivante.

Mes sens s'étaient affinés, comme si je n'avais goûté qu'une fraction de leur capacité jusqu'alors. J'avais eu une chance inouïe. De toute évidence, la grossesse se passait à merveille. Je n'avais eu aucun des désagréments qui l'accompagnent généralement et je jouissais de réserves d'énergie apparemment inépuisables. Je m'alimentais de riz complet et de légumes, des sources saines de protéines biologiques.

Aucun produit chimique ni agent de conservation ne franchissait mes lèvres. Je ne mâchais même pas de gomme, parce qu'elle contient des quantités infimes de colorants artificiels. Je marchais tous les jours, environ quatre kilomètres, et j'allais nager plusieurs fois par semaine. Vouée à m'occuper le mieux possible de cet enfant qui grandissait en moi, je me sentais plus forte et plus en santé que jamais. Tout se déroulait exactement comme prévu. Puis brutalement, tout s'effondra.

Une tornade passa, arracha mes racines et me projeta dans un cycle infernal avant de me reposer sur le chemin de ma destinée, mais dans une position tout à fait nouvelle. Le tourbillon qui m'emporta, c'étaient les blessures émotionnelles, des énergies que je devais dominer afin de ne pas en mourir. À l'improviste, les douleurs de l'accouchement se sont déclenchées un mois avant la date prévue, l'incident ne présageant rien de bon. Chaque cellule de mon corps savait que quelque chose n'allait pas. Mon mari m'a un jour retrouvé à genoux dans le séjour, priant à tue-tête.

Ce comportement ne me correspondait nullement. J'étais une humaniste profane et une activiste sociale, pas une mystique ni une fervente croyante. Jamais, auparavant, je ne m'étais livrée à la prière. Pourtant, mes oraisons s'élevaient depuis des abîmes insondables, je reconnaissais ma condition insignifiante face à l'événement qui se préparait.

Je priais, convaincue que j'allais avoir besoin d'aide. Tous mes plans furent chamboulés. Au lieu d'une naissance douillette à la maison sous l'œil attendri d'une sage-femme de mon choix, j'ai été admise dans un hôpital universitaire de Boston, où l'on m'a assigné un infirmier, un parfait inconnu. Le travail s'est déroulé dans une pièce aux murs gris, à l'éclairage cru, peuplée d'une foule de gens affairés.

À l'exception de Roger, je ne reconnaissais personne, l'infirmier, l'obstétricien, le personnel hospitalier, tous portaient des masques bleus, le tchador contemporain de l'accouchement institutionnalisé. Et au lieu du miracle du premier lien avec un petit humain tout neuf, chair de ma chair, sang de mon sang, j'ai délivré de mon corps un bébé que l'on emporta prestement après à peine un regard dans ses grands yeux bleus. Il était inerte et ne réagissait pas.

Il fallait le mettre en observation, des analyses médicales s'imposaient. Le temps suspendit son vol jusqu'à ce que je puisse revoir Aaron. Je me rappelle m'être approchée de mon bébé gisant dans son petit berceau de plastique de l'unité néonatale de soins intensifs. J'étais en émerveillement. Il était parfait ! Il lui manquait les rondeurs d'un bébé à terme, car il était prématuré, mais ses muscles se dessinaient finement, avec précision, tels ceux d'une statue grecque miniature. Sa bouche en forme de cœur, son crâne duveteux et sa beauté offraient une parcelle d'espoir. Et pourtant, je savais qu'il avait quelque chose de grave. Je cherchais un indice quelconque dans son regard, mais n'y vis qu'une souffrance sans nom, qu'une tristesse sans âge. Plus que n'importe quoi au monde, j'aurais voulu le soulager.

Mais nul d'entre nous ne devait trouver ce réconfort. Aaron devint la possession de l'hôpital, vivant dans une minuscule cage en plastique pour bébé de la pouponnière, à l'unité néonatale de soins intensifs, entouré d'équipements médicaux, percé et tâté avec des aiguilles et des électrodes, testé à répétition afin de déterminer ce qui n'allait pas. Et nous vivions avec lui, suppliant le personnel hospitalier de faire une place à cette dyade qui n'avait apparemment pas sa place ici : la mère et son enfant. Sans parler de la triade mère, père et enfant. Nous avons mené une campagne pour obtenir une chambre où Aaron pourrait être avec nous.

À première vue, il s'agissait de la première requête de ce genre dans l'unité néonatale, mais on allait la prendre en considération. En l'absence d'une chambre disponible, j'ai décidé de camper dans un sac de couchage sur le sol de l'unité néonatale, auprès d'Aaron, une transgression flagrante à la bienséance en milieu hospitalier. J'étais mère sans l'être vraiment et je cherchais désespérément un moyen d'aimer ce bébé qui était mien sans m'appartenir. Au bout d'une semaine, nous sommes passés à l'étage de neurologie de l'hôpital pour enfants, où le mal de mon fils reçut un nom vague, mais terrifiant : traumatisme cervical. Avant sa naissance, Aaron avait été un bébé actif.

Au cours du huitième mois de grossesse, je ne sentis soudainement aucun mouvement pendant deux jours. C'est sans doute à ce moment que l'accident s'est produit. Pour des raisons toujours inconnues, il n'avait pas été alimenté en oxygène. Le terme médical était « anoxie ». Dans le sein maternel, symbole universel de sûreté absolue, Aaron avait été inexplicablement exposé à une atteinte létale. À cause d'un incident mystérieux, son support vital avait été coupé, scellant ainsi sa destinée.

Nous sommes persuadés de parcourir un chemin menant à une destination spécifique. Puis un jour, à un détour de la route, nous nous retrouvons très loin des territoires attendus. Nous avions cru tomber sur une clairière ensoleillée abritant un lac placide, mais nous nous retrouvons dans un cratère profond, au milieu d'un paysage dévasté.

En de tels moments, le mystère inhérent à l'existence humaine émerge au grand jour. Devant l'absolue vulnérabilité de l'existence, nous éprouvons une terreur primale. À l'époque de Job, cette terreur était peut-être endiguée par la crainte de la puissance d'un Dieu omniprésent. En ce qui me concerne, je trouve que Shakespeare exprime en termes plus précis cette expérience : « Des mouches entre les mains d'enfants espiègles, voilà ce que nous sommes pour les dieux ; ils nous tuent pour le plaisir. » Je n'avais aucune foi religieuse en laquelle me réfugier.

Alors, je me suis tournée vers les oracles et les présages, un talisman auquel m'accrocher au milieu de ce désert ravagé où le sort m'avait jetée. - Plus d'un an avant la conception d'Aaron, j'avais eu une vision en faisant du yoga. Allongée dans la position du « cadavre », j'aperçus alors deux yeux bleus étincelant d'une lumière riante, des yeux à la fois envoûtants et terrifiants. Et j'entendis une voix m'annoncer : « Ce sont les yeux de ton fils, ton premier-né. » Cette vision me revint, un jour où je somnolais sur le siège du passager lors d'un trajet en voiture de Cape Cod, à

Boston. Je revis encore une fois ces yeux et ressentis la même frayeur. C'était déconcertant. Noter l'expérience dans mon journal intime n'a pas non plus permis de l'élucider ; je l'attribuai donc à une attaque d'indigestion psychique et la reléguai aux oubliettes.

Jusqu'à ce jour. Plongeant mon regard dans celui d'Aaron, j'étais hantée par ces visions. Était-ce là les yeux que j'avais vus auparavant et la raison pour laquelle ils étaient si effrayants ? Était-il possible, à l'encontre de toute logique, que mes visions aient été prémonitoires ? Cela signifiait-il qu'Aaron allait mourir ?

Dans ma psyché, ces images rivalisaient avec un rêve qui m'était venu au début de mon huitième mois de grossesse. Dans ce rêve, je regardais mon ventre gonflé et le voyais rétrécir en une petite boule de la grosseur d'un pamplemousse.

Mon bébé sortait-il prématurément hors de moi ! Long et tout rose, il était encore enveloppé de la membrane amniotique, puis il tomba sur la moquette, la poussière et les chatons s'amoncellent autour de lui. Prise de panique, je craignis pour sa vie. Il pouvait en effet contracter une infection et peut-être même en mourir. Je me suis mise à lui parler, lui demandant ce qu'il fallait faire, et il m'a répondu : « Ne t'en fais pas. Je vais bien. » Parfaitement calme et omniscient, il m'a rassurée. À la fin du rêve, j'étais extatique, je criais de joie : « Mon bébé ! Mon bébé ! J'ai mon bébé ! »

Au fil d'analyses médicales sans fin, de prises de sang, d'électro encéphalogrammes et de tomographies ; au fil des tentatives futiles de nourrir un bébé qui ne pouvait ni sucer ni avaler et des heures où je tirais avec une pompe mécanique le lait destiné à la bouche chaude de mon bébé ; au fil de toutes les fois où Aaron régurgitait son lait et dut être aspiré ; au fil de nuits d'insomnie et des interminables visites des médecins, je me suis accrochée à ce rêve.

Je voulais croire qu'il représentait la vérité sur l'avenir d'Aaron. Par le passé, j'avais eu plusieurs rêves prémonitoires et plusieurs éléments du présent songe me semblaient prophétiques. Le bébé, un garçon, était né prématurément.

Il ressemblait au bébé curieusement long que j'avais vu en rêve. Les médecins craignaient qu'il développe une infection, comme moi dans le rêve. Et ce dernier se terminait dans la joie d'avoir mon nouveau-né. De tout mon cœur, je priais pour que ce soit là le dénouement de l'histoire. Mais au fil des semaines de la vie d'Aaron, la promesse du songe semblait s'estomper. Chaque fois que je le tenais dans mes bras, je redoutais qu'une maladresse de ma part n'en tortille son moniteur cardiaque ou n'arrache le tube de son intraveineuse et qu'il meure sur-le-champ. J'étais terrorisée à l'idée de sa fragilité, du fil qui le retenait en vie. Un jour, en le cajolant dans la berceuse de la pouponnière, j'ai fermé les yeux et aperçu ce qui me semblait être un tunnel au fond de l'océan. En relevant la tête, j'ai remarqué d'étranges plantes aquatiques qui se balançaient dans les fonds marins. Au-dessus de ces formes ondoyantes, il y avait une lumière diffuse, très lointaine. Étais-je en train de discerner les perceptions d'Aaron ? Dès lors, j'imaginais un visage qui le regardait depuis la surface des formes océaniques ondulantes, un visage qui l'éclairait comme un soleil.

Je transposai mon visage à cette scène et lui transmis mon amour maternel, l'assurant qu'à la surface et au-delà de la mer si noire, il y avait la figure illuminée de sa mère. Puis je lui murmurai tendrement : « Aaron, peu importe ce que tu connais d'autre, je veux que tu saches qu'il y a de l'amour dans cette vie. Au-delà des lumières crues, du bruit, des instruments glacés et de la douleur, il y a mon amour et celui de ton père.

Nous sommes les soleils qui brillent dans ton petit univers sous l'océan. Nous t'éclairons de notre amour total. » Un autre jour, alors que je lui chuchotais quelque chose, je vis ses yeux rougir et s'emplir de larmes, puis saillir légèrement. Sa bouche se plissa comme celle d'un poisson. Il me regarda droit dans les yeux, le tour de sa bouche bleuit et le lait coula de ses narines. L'infirmière arriva juste avant que retentisse l'horrible sirène du moniteur signalant un arrêt cardiaque. Le visage d'Aaron devint violacé. On lui administra de l'oxygène et on fit venir le médecin.

Par la suite, j'ai su que mon rêve n'avait été qu'un rêve. Cette mésaventure pouvait connaître n'importe quel dénouement. Contre toute attente, peut-être Aaron se rétablirait-il. Ou encore, il survivrait à l'épreuve en ayant ce que le neurologue appelait de « considérables » dommages cérébraux. Ou alors, il mourrait. Je savais que tout pouvait survenir et que personne ne connaissait la suite. Je savais que j'étais à la merci de quelque chose de plus vaste que mes espoirs et mes rêves ou des instruments médicaux.

Je n'avais pas le pouvoir de réparer ce qui n'allait pas chez Aaron et les médecins n'étaient pas en mesure d'en prendre le contrôle. En ce qui concernait la survie de cet enfant, j'étais complètement impuissante. Ma propre matrice avait trahi mon bébé, mon enfant adoré. La sécurité n'existait donc nulle part.

J'étais assaillie par l'amertume, la terreur, la rage et l'impuissance dans leur forme la plus crue. Mes illusions sur la sécurité m'étaient révélées. Mes visions et mes rêves n'étaient que futiles consolations et mensonges creux. Je voulais si désespérément qu'ils me protègent ! Mais il devenait désormais évident qu'il n'existait aucune protection contre la réalité. Ce qui devait être serait.

Je n'ai pas affronté l'épreuve dans la dignité. Le soir, après les heures de visite à l'hôpital, je déversais mon angoisse sur des amis et un thérapeute qui ne pouvaient rien faire d'autre que de m'écouter. Peu à peu, j'appris à capituler. Plus que tout au monde, je voulais qu'Aaron vive. Et pourtant, il me semblait qu'il me disait, chaque jour et sans équivoque, que son avenir ne tenait pas qu'à moi. Chaque jour, il devenait plus évident qu'il avait entrepris son propre voyage. Notre amour pouvait l'accompagner et le réchauffer, sans toutefois être en mesure de changer sa destinée. Graduellement, je me fis moins exigeante, n'insistant pas autant pour qu'il vive. Je désirais simplement être avec lui aussi longtemps que possible. Tout ce que j'avais, c'était cet instant présent où j'étais sa mère, où je l'aimais. Lorsque je parvenais à être ainsi avec Aaron, je me sentais bien, énergétique, prête à affronter n'importe quoi. Mais quand je songeais à l'avenir, aux enjeux contre lui et aux médecins avec leurs analyses, je sombrais dans le désespoir.

C'est ainsi que ma vie avec Aaron servit de formation intensive et prolongée sur la manière de gérer mon sentiment d'impuissance. Aaron était mon guide, mon maître zen ; il m'enseignait à rester consciente au milieu de la vulnérabilité.

Vulnérabilité et nature humaine. Dès lors que l'on a un corps et un ego, rien ne nous prémunit contre la vulnérabilité. Même si la richesse, le pouvoir ou les privilèges mettent quelques individus à l'abri des coups et des flèches de la fatalité, nous sommes tous vulnérables. Et être vulnérable, c'est parcourir le chemin des blessures émotionnelles. Le sentiment d'impuissance, la peur, le chagrin, la colère et le désespoir, voilà les émotions crues de la poésie de Job, les empreintes de la fragilité humaine. Les sentiments sombres qui n'ont pas été ressentis dans le passé apparaîtront au présent, sous forme de faiblesses particulières. Le fait de vivre pleinement l'instant présent ne mitige en rien notre vulnérabilité ; cela ne fait que nous en rendre plus conscients.

Cependant, la vulnérabilité n'est pas faite que de blessures. C'est aussi une question d'ouverture. Et pas uniquement face à la douleur, à l'adversité, à la perte et à la mort, mais également par rapport à ce que nous désirons et chérissons le plus : l'amour, l'intimité, la créativité, le sexe, la naissance et l'émerveillement. C'est une ouverture qui consiste à vraiment se laisser toucher par un autre humain, à être perçus tels que nous sommes, une ouverture à cette pure aventure qu'est la vie et à l'esprit sacré qui imprègne le monde.

La vulnérabilité est un lot que nous partageons tous. Accepter d'être influencés les uns par les autres, pour le meilleur et pour le pire, réside au cœur de notre interconnexion. Parce que nous sommes vulnérables, nous ressentons la douleur - la nôtre et celle des autres. Ce que nous faisons à autrui, nous le faisons nous-mêmes. La vulnérabilité se situe au cœur de notre capacité à démontrer de l'empathie ; à souffrir, mais aussi à éprouver de la joie ; à ressentir du chagrin, mais aussi de la compassion ; à vivre la solitude, mais aussi l'alliance. Il s'agit d'un cœur ouvert, fragile et cependant robuste ; aisément blessé, mais capable de tendresse et d'amour. C'est quand nous sommes le plus fragiles que nous sommes le plus vivants, le plus ouverts à tous les aspects de l'existence. Notre pouvoir repose sur notre vulnérabilité. Comme thérapeute, j'ai suivi une femme qui, toute jeune, avait été violée par son père.

Après des années de travail sur le traumatisme laissé par l'inceste, elle avait enfin atteint une certaine sérénité relativement à son histoire personnelle. Malheureusement, le fait d'être enceinte de son premier enfant réveilla les anciennes blessures. De nos jours, on recommande aux jeunes filles de s'exprimer et de se confier à quelqu'un si elles subissent des sévices sexuels. Mais l'inceste dont Christine avait été victime avait débuté avant même qu'elle puisse parler et comprendre ce qui lui arrivait. Le viol a commencé alors qu'elle était totalement sans défense, incapable de réagir d'une quelconque façon pour se protéger. Sa vulnérabilité était absolue. Se retrouver à l'hôpital, être soumise à un suivi envahissant, des examens embarrassants, les douleurs de l'accouchement, l'ouverture du vagin dans l'acte d'enfanter, voilà des préoccupations normales pour toute femme enceinte. Mais dans le cas de Christine, cela éveillait un réservoir de peur traumatique enfouie depuis qu'elle était toute petite. Elle craignait d'être prise de panique dans la salle d'accouchement et incapable de donner naissance à son bébé. Christine était une femme remarquable douée d'immenses ressources affectives et spirituelles.

Au cours de son travail thérapeutique, elle a découvert au cœur de son ancien sentiment d'impuissance qu'elle disposait d'une aide jamais perçue jusque-là. Depuis, elle avait vu ces fées qui l'avaient aidée à supporter ces viols, qui l'avaient consolée, protégée et maintenue en vie. Elles l'avaient entraînée dans un coin de verdure, puis entourée et immergée de leurs énergies chaleureuses et maternelles. Christine les appelait « les dames lys ».

Aujourd'hui, à cette étape difficile de fin de grossesse qu'elle traverse, je lui ai demandé si elle pouvait consulter les dames lys. Peut-être possédaient-elles une sagesse à lui impartir. Voici les paroles qu'elle entendit : « Ta vulnérabilité est la source de ta force. Ne l'associe pas au mal, mais à ta puissance créatrice. » Les leçons des dames lys aidaient Christine à donner naissance à son bébé et à passer à un stade plus profond de guérison. Les enseignements des dames lys sont à l'opposé de ce que notre civilisation sur la vulnérabilité inculque. Concevoir ce trait de caractère comme une force est un point de vue strictement féminin.

Dans une culture où les valeurs masculines représentent la norme, la vulnérabilité est tout le contraire de la force. Il faut garder son flegme, se blinder et être prêt au combat. La vulnérabilité est perçue comme une faiblesse, une absence de défense, une tendance à se poser en victime. Nous l'abordons en nous maîtrisant ou en la déniant, en nous blindant contre le sentiment, en évitant ou en engourdissant l'émotion. Nous savons tous au fond de nous que, au même titre que les épreuves de Job, l'essentiel de la souffrance dans le monde est arbitraire ou inexplicable ; en conséquence, nous recourons à plusieurs mécanismes permettant de dissiper le malaise provoqué par ce savoir, à des moyens de rationaliser la vulnérabilité, de la rendre moins indigeste. À l'instar des consolateurs de Job, nous cherchons à nous sentir moins fragiles en nous accrochant à des théologies et à des dogmes conditionnés, à des croyances acquises et conçues pour rendre la vulnérabilité tolérable. Puisque nous avons l'impression d'être en sécurité uniquement lorsque nous sommes « maîtres de la situation », mais que ce contrôle n'est pas toujours entre nos mains, nous préférons alors nier que nous ne pouvons rien face aux questions de vie ou de mort. Tenter de se rendre maître de la vulnérabilité est tout à fait humain.

C'est, à vrai dire, un aspect inné de ce que nous estimons être une psychologie normale. C'est ainsi que l'ego produit et développe sa mégalomanie intrinsèque, son illusion de sa propre invulnérabilité. Dans les moments les plus difficiles de la vie notamment, le fait d'être aux commandes peut paraître à l'égo la seule manière de survivre. Cette stratégie nous protège quelque peu contre la terreur primale de l'existence. Parallèlement, ce type de contrôle contrecarre l'enchantement de vivre, l'émerveillement devant le mystère du cosmos. Il diminue notre capacité de vivre pleinement et d'écouter ce que la vie cherche à nous enseigner. Il nous empêche, sans nul doute, de découvrir ce qui se trouve au-delà de l'ego et du corps.

Il sabote l'alchimie des blessures émotionnelles. Si ce siècle de guerres dévastatrices, d'holocaustes, de génocides et de destruction environnementale a quelque chose à nous enseigner, c'est bien ceci : à moins de reconnaître et de respecter notre fragilité, à moins de prendre conscience de notre « inter vulnérabilité » et de la susceptibilité de notre planète devant les agressions humaines, nous persistons à mettre en péril notre survie et, surtout, celle de la Terre.

Cinq stratégies courantes pour s'adapter aux blessures émotionnelles. Ce ne sont pas les blessures émotionnelles qui nous nuisent, mais nos attitudes négatives, nos stratégies maladroites pour s'y adapter et nos réactions phobiques à leur endroit. Puisque nous ignorons comment nous mettre à l'écoute de notre souffrance, nous avons recours à des stratégies d'adaptation aux blessures émotionnelles inculquées par notre culture. Aucun d'entre nous n'a probablement suivi de cours à l'université, au secondaire ou à l'élémentaire intitulé : « Comment affronter la douleur émotionnelle ».

Néanmoins, le conditionnement familial, les préceptes religieux et la société nous enseignent à l'endurer, à la nier, à l'éviter, à la contourner, à nous venger et à fuir. Ces stratégies courantes présentent des forces et des faiblesses, mais pour l'essentiel, elles ne favorisent guère la guérison ou la transformation.

ENDURER

L'endurance est l'aptitude à résister à la souffrance sans défaillir. Par elle, nous survivons - et l'être humain a démontré qu'il peut survivre aux atrocités les plus inconcevables, les plus abjectes. Parfois, l'endurance se limite à mettre un pied devant l'autre afin d'avancer. Certains y parviennent grâce à la foi. Comme antidote à la douleur existentielle, la religion offre le baume du plan divin et de la gloire dans l'au-delà. Il est plus facile d'endurer les épreuves de la mort, de la perte ou de conditions sociales intenables, si nous sommes persuadés que Dieu possède un plan impénétrable et que nous retrouverons les êtres chers dans un au-delà meilleur.

La certitude de la main de la Providence sur nos destinées individuelles et la promesse de lendemains parfaits représentent, comme le soulignait Karl Marx, des opiacés fort efficaces contre la souffrance. Les individus non protégés par ce genre de convictions doivent asseoir leur endurance sur une vision du monde séculaire où endurance et stoïcisme sont synonymes. L'idéal masculin anglo-saxon protestant et blanc [de l'anglais WASP] du stoïcisme ne jouit pas de l'unanimité. Par contre, celui-ci exerce une influence sur chacun de nous, car il correspond à la norme de la culture dominante. Selon ce système de valeurs, les adultes savent dominer leurs émotions et endurer la souffrance sans rien montrer. Les émotions négatives appartiennent à une désertique intérieure qui doit être conquise si l'on veut préserver l'ordre social. Un manque de maîtrise de soi signale une turpitude morale ou une faiblesse spirituelle. La maîtrise des émotions est exigée tout particulièrement des hommes, à qui l'on enseigne tôt et souvent brutalement, que toute émotion autre que la colère est efféminée. Pour leur part, les femmes - du moins les dames « distinguées » - doivent apprendre à supporter leurs émotions en silence.

J'ai en mémoire une discussion avec ma meilleure amie à l'université au sujet de l'adoration inconditionnelle, en Amérique, vouée à Jacqueline Kennedy. Cette femme est passée à l'histoire pour l'éternité depuis qu'elle parut aux funérailles de son époux assassiné, affichant une absolue dignité tout le long du parcours la menant au cimetière, sans verser une seule larme. Ma copine était d'avis que c'était là la marque d'un grand courage et d'une force morale. Selon mon opinion, moins populaire, Jackie Kennedy était froide et indifférente. En quoi le fait de pleurer à l'enterrement de votre mari est-il un signe de faiblesse ? Pourquoi la suppression du chagrin est-elle un signe de force ? Jackie Kennedy personnifiait l'idéal d'endurance stoïque.

Elle se consacrait à ses devoirs de veuve sans s'effondrer - sans afficher d'émotion. Ce stoïcisme inhibant l'émotion témoignait apparemment de sa dignité. Aux yeux de notre société, l'endurance est la capacité de se détacher de l'émotion et de se comporter comme si aucun tourment intérieur n'affligeait la personne. Selon cette stratégie d'adaptation à la souffrance, l'émotion elle-même signale sans l'ombre d'un doute que nous n'arrivons pas à faire face.

NIER

Le déni consiste à se détacher inconsciemment de l'émotion et de la réalité qu'elle renvoie. Nous y voyons une aberration, mais il s'agit bel et bien d'une prolongation de la stratégie normale d'adaptation à l'émotion valorisée par notre société. En Occident, nous apprenons à dissocier ce que les psychologues nomment « l'affect » de la cognition ; nous départageons le ressenti de la pensée. Cette dissociation normale contribue forcément à des formes de déni plus excessives. Le déni extrême est l'une des forces les plus destructrices en ce monde, une sorte de conscience aveugle, sourde et muette au mal qui lui permet paradoxalement de proliférer. Les victimes, tout comme les malfaiteurs, ont recours au déni, mais leurs intentions diffèrent. Plusieurs criminels nient avoir jamais commis les actes violents qu'on leur attribue ou avoir causé quelque tort. En revanche, le déni chez la victime est une stratégie lui donnant la possibilité de faire face à une douleur émotionnelle trop écrasante pour être vécue directement. C'est donc un mécanisme de survie auquel devra progressivement se substituer l'expérience authentique des émotions sombres pour que la guérison soit possible.

TRANSCENDER OU CONTOURNER

Transcender, dans le cas présent, signifie « s'élever au-dessus » de nos sentiments. Il est quelquefois possible d'y arriver en fixant notre regard sur quelque chose de « plus élevé ». Mais dans la plupart des cas, pour transcender véritablement la souffrance, il faut être disposé à la vivre pleinement. Pour s'élever au-dessus, il faut la traverser, sans aucune garantie de ce que nous trouverons sur l'autre rive.

Confondre ce que d'aucuns nomment « déviation spirituelle » autour de la souffrance avec la transcendance authentique entraînera d'importants problèmes. La transcendance, selon mon expérience, n'est jamais planifiée, attendue ni maîtrisée. Il s'agit d'une grâce pure. La déviation spirituelle, par contre, est d'habitude fondée sur des croyances fallacieuses qui dissimulent un déni. Les membres d'une secte qui s'enlevèrent la vie, persuadés qu'ils quittaient la planète dans un vaisseau spatial les conduisant à une sphère d'existence idyllique, ne transcendaient nullement leur souffrance. Ils tentaient plutôt de la contourner spirituellement par un déni qui prit la forme d'un suicide collectif. La branche métaphysique nouvel âge qui nie les maux de l'existence terrestre, affirmant que seuls l'amour et la lumière sont « réels », constitue aussi une forme de fausse transcendance plus répandue.

SE VENGER

Par vengeance, il ne s'agit pas de réprimer la souffrance ni de s'élever au-dessus d'elle, mais bien de rendre la pareille sous l'effet de la rage. Après qu'un petit garçon de dix ans, Jeffrey Curley, eut été retrouvé dans un contenant en plastique au fond de la rivière Maine - on l'avait violé et assassiné -, le quartier de Cambridge où il habitait et la ville de Boston tout entière semblaient submergés d'une fureur impuissante. La dénégation habituelle de la fragilité des enfants, qui incite les parents à laisser ces derniers courir dans la rue sans aucune supervision, fut anéantie.

Quelques heures après avoir reçu la nouvelle de la mort de son fils, Robert Curley s'adressa aux médias pour exiger la réintégration de la peine capitale au Massachusetts. La réaction émotionnelle a presque accompli ce que des années de zizanie à la législation n'avaient pas réussi à obtenir : une loi votée par le congrès ratifiant la peine de mort, si ce n'avait été d'un unique vote s'y opposant. La peine de mort n'aurait, certes, pas ramené Jeffrey Curley ni sauvé d'autres enfants des prédateurs sexuels meurtriers. Toutefois, les visions de vengeance servent souvent à calmer des sentiments autrement insoutenables. La vengeance rageuse est un conditionnement social typiquement masculin, une stratégie pour s'adapter au chagrin.

À l'opposé du détachement spirituel, qui nous enseigne à ne pas agir sous le coup de l'émotion, la vengeance consiste à imaginer un geste aussi infâme que l'acte ayant suscité cet insoutenable chagrin ou ce désespoir. Une des stratégies hypermasculines visant à gérer l'impuissance et la vulnérabilité consiste à tuer quelqu'un pour s'affranchir d'une douleur insupportable.

Les régions réfractaires où règne une violence sans fin - Israël, la Palestine et le Moyen-Orient, la Bosnie, la Serbie, la Croatie, le Rwanda - sont des lieux de perpétuelles représailles où des populations entières sont encore et encore traumatisées par la mort violente de leurs proches. Ces cycles sont alimentés par un chagrin refoulé et transmis d'une génération à l'autre sans jamais être réparé. Chercher à apaiser notre souffrance par des actes de vengeance déchaînée ne servira qu'à nous piéger dans nos blessures. Si les peuples ennemis pouvaient pleurer ensemble tout le sang versé inutilement, ils trouveraient peut-être une voie vers la paix. Mais le partage en commun du chagrin franchissant les frontières divisant les races, les tribus, les ethnies, les nations n'est pas l'une des stratégies courantes retenues pour traiter la souffrance.

FUIR

En Occident, la fuite remporterait certainement le concours de la stratégie d'adaptation à la souffrance la plus populaire. Personne ne réussit cela mieux que nous. Parmi l'ensemble des nations, les Américains se sont rendus maîtres de l'art de la distraction et de la fuite, au point d'y exceller. Et nous enseignons cet art au reste du monde, en exportant de plus en plus de divertissements, de cultes des célébrités et de besoins de consommation compulsifs. Acheter, posséder, se servir de gadgets, consommer des expériences, voilà les symptômes d'une culture de la fuite. Il en va de même pour notre incapacité à supporter le silence.

Dans sa forme la plus extrême, la fuite entraîne la dépendance dont les répercussions sont potentiellement sérieuses. Notre culture en est une « de l'utilisateur ». Les Américains sont les êtres les plus accros au monde ; et nous sommes surtout accros à nous sentir bien. Parmi tous les visages que peut emprunter la dépendance, celle-ci est à la base un moyen d'engourdir ou d'apaiser les blessures émotionnelles impossibles à endurer. Même les formes de fuite plus douces, moins destructrices - par exemple, louer une montagne de vidéos pour amortir sa déprime, peuvent saboter l'alchimie des blessures émotionnelles.

Se distraire est une compétence légitime de l'intelligence émotionnelle qui permet d'affronter les émotions négatives. J'ajouterais : tout à fait temporairement. Vous arriverez peut-être à oublier un moment un chagrin déchirant, mais il reviendra inéluctablement vous hanter. Même si la distraction nous donne la possibilité de ne pas être anéantis par une énergie émotionnelle trop intense, elle peut aussi réprimer la libre circulation de l'émotion.

Dans une culture de la distraction, nous avons recours à cette « compétence » un peu trop fréquemment. Ce faisant, nous n'avons pas développé d'autres aptitudes applicables à la croissance affective et spirituelle. Se distraire de sa douleur émotionnelle, tout comme avaler des analgésiques pour éliminer un mal physique, ne nous amènent pas à découvrir la cause du mal. À mon avis, la distraction est l'une des stratégies les moins avisées pour affronter les blessures émotionnelles. C'est une méthode à laquelle nous avons recours lorsque nous avons un très faible seuil de tolérance au désagrément ou que nous ne connaissons pas d'autres stratégies. Une escapade amusante est parfois exactement ce qui s'impose pour retrouver le sourire. Mais au bout du compte, recourir à de telles stratégies d'adaptation au chagrin, à la peur ou au désespoir, ne veut pas dire utiliser les émotions comme véhicules de guérison et de transformation. Les cinq stratégies courantes pour s'adapter à la souffrance abordée dans les pages précédentes vous sont utiles. Elles peuvent aider à survivre et à affirmer la vie. Il est possible de survivre à ce que nous endurons, de faire usage du « déni positif » pour faire taire nos peurs latentes et effectuer une tâche ou atteindre un objectif. Ainsi, le déni peut constituer un élément important du courage.

Des moments d'authentiques de transcendance sont possibles pour ceux qui suivent une voie spirituelle et qui parviennent à travailler adroitement avec les émotions douloureuses. Se distraire de la douleur psychologique s'avère une compétence à mettre en pratique, à condition de le faire consciemment. Même la vengeance peut emprunter des formes bénignes.

La mère de famille qui a fondé l'association Mothers Against Drunk Driving [MADO] a vengé la mort de son enfant d'une manière qui a apporté quelque chose et aidé d'autres personnes à guérir de tragédies similaires. Si elles sont équilibrées, ces stratégies d'adaptation à la souffrance affective ne posent pas de problème. Elles ne deviennent problématiques que si elles sont contaminées par la phobie. Notre crainte des blessures émotionnelles et notre difficulté à les tolérer s'opposent à l'endurance exempte de déni, à la transcendance exempte de déviation spirituelle, à la fuite exempte de dépendance. La phobie des émotions contrecarre la transformation vraie de la souffrance. Mais qu'advient-il si nous coulons à flots dans l'émotion elle-même ? Le courant émotionnel : Un surf conscient sur la vague de l'émotion.

L'alchimie est la circulation consciente d'informations et d'énergies émotionnelles. Chacune des blessures émotionnelles possède sa propre qualité énergétique et son propre type de courant. Il ne s'agit pas ici d'étaler ses sentiments et d'agir comme bon nous semble, mais de supporter l'énergie du chagrin, de la peur et du désespoir dans le corps et de consentir à ce que s'épanouisse leur sagesse.

La libre circulation des sentiments n'est pas un processus passif, impuissant, comme se laisser choir dans les vagues de l'émotion et s'y noyer. Il ne s'agit pas davantage d'un processus déterminant et hyperactif, tel ériger un barrage pour empêcher l'eau de s'écouler. C'est plutôt un état où la personne est reliée à son énergie tout en l'observant sciemment, où elle surfe en toute lucidité sur ses vagues. Si nous y parvenons adroitement, l'énergie émotionnelle tend naturellement vers la guérison, l'harmonie et la transformation. Inutile de contraindre l'alchimie des blessures émotionnelles ; elle survient quand les conditions s'y prêtent. Si nous portons une attention consciente à l'énergie des blessures émotionnelles qui circule, si nous l'acceptons et nous y abandonnons, alors nous ouvrons la porte du cœur à la magie de l'alchimie. Voici trois compétences fondamentales : prêter attention, apprivoiser et s'abandonner (les trois AAA).

Ce processus AAA ne transformera pas votre ventre flasque en un ventre ferme ; toutefois, il vous permettra de traverser bien des nuits obscures de l'âme. En l'absence de ces trois compétences, vous n'obtiendrez pas l'information que recèlent le chagrin, le désespoir et la peur ; et il vous sera impossible de transformer leurs énergies en gratitude, en foi et en joie. Ce qui ne signifie pas pour autant que vous n'êtes pas quelqu'un de bien. Avec un peu de chance, vous survivrez et trouverez tout de même le bonheur, sans avoir à devenir alcoolique ou toxicomane ni à passer douze heures par jour à clavarder sur Internet, dans un forum de discussion.

Mais peut-être n'avez-vous pas besoin du processus AAA, si vous êtes satisfait de votre état actuel. Dans ce cas, inutile d'acquérir ces compétences. Mais si vous éprouvez des difficultés devant le chagrin, le désespoir, la peur ou tout autre état affectif, alors ces compétences de base vous seront sans doute précieuses.

PRÊTER ATTENTION : APPRENDRE À ÉCOUTER

Pour prêter attention aux blessures émotionnelles, il s'agit de les sentir dans le corps, de concentrer notre attention consciente sur elles et de les nommer avec précision. Vous avez certainement déjà aperçu, dans un supermarché, une mère avec à ses trousses une ribambelle de gamins, lui tirant la manche en hurlant sans cesse « Maman, maman, maman ! » pendant qu'elle tâte distraitement les asperges. Elle réfléchit à ce qu'elle cuisinera pour dîner, mais eux veulent savoir s'ils peuvent avoir du maïs soufflé et de la gomme à mâcher. Vous devinez la suite. Le petit Raphaël parcourt bientôt les allées à toute allure. Pierrot et Guillaume se chamaillent. Bébé Jeanne se met à hurler.

L'attention de maman, qui planait quelque part au loin, se focalise instantanément. Les blessures émotionnelles sont des capteurs d'attention ; elles nous poussent à redevenir conscients. Elles sont comme de jeunes enfants : si vous leur prêtez attention, ils vous le rendent bien, mais dans le cas contraire, vous aurez des problèmes. Les petits possèdent des moyens infaillibles de vous faire savoir qu'ils requièrent votre attention.

La racine latine du mot adversité est *advertere*, qui signifie « tourner vers » ou « contre ». Dans les affres de l'adversité, les blessures émotionnelles nous contraignent à porter attention à ce qui se passe sur le plan affectif. En outre, elles exigent une qualité d'attention, une attention consciente à l'émotion. Si nous parvenons à nous concentrer ainsi sur l'énergie émotionnelle, nous serons en mesure de transformer notre vie, car l'adversité deviendra alors occasion favorable.

Par contre, plus nous négligeons les blessures émotionnelles, plus elles ont tendance à augmenter le volume. C'est agaçant, mais cela constitue aussi un bienfait. Puisque l'organisme humain cherche à guérir, l'énergie émotionnelle sombre ne laissera pas tomber avant d'avoir retenu notre attention. Prêter attention à l'énergie émotionnelle implique une perception qui s'attache au corps. Cela signifie qu'il faut savoir quelles sensations physiques sont le produit des émotions, plutôt qu'être en mesure de les décrire sans toutefois les ressentir.

Cela nécessite aussi une certaine éducation, car il faut être capable de découvrir les termes appropriés pour dépeindre les états affectifs. Imaginez que vous êtes une personne plutôt froide. Si votre corps est léthargique par rapport à l'émotion, prêter attention à cet engourdissement sera le premier stade de l'alchimie émotionnelle. Il suffira de tourner votre regard vers cet état et ainsi, d'observer ce qui se passera. J'ai un jour suivi une thérapie corporelle dirigée par un psychothérapeute fort doué. L'approche consistait simplement à prendre conscience des émotions, des pensées et des sensations dans le corps et à demeurer centré sur celles-ci quand elles se manifestaient. Dans un état de relaxation, j'ai perçu à un moment ce qui ressemblait à un coffre blanc d'énergie statique enveloppant mon corps. Ce dernier paraissait allongé dans le coffre, ankylosé et inerte. Prêter attention de manière continue à cet engourdissement était difficile, cette sensation étant à vrai dire désagréable et monotone. Encouragée par le thérapeute, j'ai cependant réussi à me concentrer sur elle pendant quelque temps.

Après peu, le coffre prit l'apparence d'une sorte de cocon duquel je voulais dramatiquement m'échapper à tout prix, sans y arriver toutefois. J'ai simplement continué à observer. Peu à peu, le cocon s'est mis à se défaire de lui-même, mais avec une lenteur infinie. Il m'a fallu beaucoup de patience pour ne pas m'en débarrasser violemment. Une fois que j'en suis sortie, j'ai senti un flot électrique d'énergie parcourir mon corps. C'était un déferlement intense dans le corps tout entier et semblable à l'orgasme de la tristesse renfermée dans ce cocon et voilée par l'engourdissement. Ne présumez donc pas que d'être engourdi à vos blessures émotionnelles vous empêchera d'effectuer ce travail. Prêtez tout bonnement attention à votre état, tel qu'il est. Des transformations ahurissantes surviennent par l'unique fait de porter attention.

APPRIVOISER : IL FAUT RESSENTIR POUR GUÉRIR

Apprivoiser l'énergie émotionnelle vient compléter l'attention que l'on y porte. Cela sous-entend d'étendre notre capacité d'observation à l'émotion. Les psychologues parlent ici de « tolérance à l'affect » Lorsque vous augmentez votre tolérance aux blessures émotionnelles, elles ne vous submergent plus et ne vous poussent plus à les exprimer. Pour les apprivoiser, il s'agit de les laisser vivre sans tenter de les réprimer, de les dissiper, de les éviter, de les nier, de les analyser ou de vous en distraire.

Il ne s'agit pas non plus de s'y vautrer dramatiquement ou de les décharger aveuglément. En ce qui a trait à l'exercice physique, nous adhérons pour la plupart à la croyance « pas de douleur, pas de gain ». Mais pour ce qui est de l'exercice psychologique, nous cherchons une voie rapide qui mènera à la bonne forme affective. En réalité, il en va des émotions comme du corps : pas de douleur, pas de gain.

Si vous êtes flasque sur le plan émotif, il ne faut pas vous attendre à une métamorphose instantanée sur les plans psychologique et spirituel. Pour apprivoiser les blessures émotionnelles, il faut se rapprocher de l'objet de notre fuite, prendre notre temps et consentir à éprouver tout sentiment sans honte, sans ambivalence, sans analyse ni condamnation. Songez à une situation où vous avez été envahi par le chagrin, la peur ou le désespoir. Les émotions intenses envahissent le corps et l'esprit, nous incitant à nous en détourner ou à nous recroqueviller. La plupart d'entre nous se sentent dépourvus lorsqu'ils sont ainsi submergés. En de telles circonstances, nous avons tendance à chercher une diversion, à nous distancier, à recourir à l'évitement ou à fuir dans la dépendance.

Mais l'envahissement lui-même peut être observé consciemment si nous reportons notre attention sur le corps. Quand le chagrin vous inonde, que se passe-t-il dans votre corps ? Votre poitrine se gonfle-t-elle de pleurs ? Les larmes vous montent-elles aux yeux ? Comment réagissez-vous à ce débordement ? Vous sentez-vous agité(e) et nerveux ? Vidé(e) et épuisé(e) ? Quelles histoires votre mental se met-il à tisser ? Par exemple, songez-vous : « Eh bien, me voilà encore triste. Qu'est-ce qui ne va pas avec moi ? » Et quand vous êtes effrayé, quelles sensations remarquez-vous ? Consentez-vous à éprouver ce sentiment ou, au contraire, vous précipitez-vous sur le téléphone pour appeler un ami, allumez-vous le téléviseur ou sortez-vous prendre un coup ? Quelle est votre réaction mentale face à la peur ? Vous qualifiez-vous de mauviette ? Quand le découragement ou le désespoir s'immisce en vous, qu'éprouve votre corps ? Encore une fois, avez-vous jamais attiré votre attention à s'attarder à la sensation physique ou mettez-vous immédiatement votre mental en cinquième vitesse, tentant d'analyser ou d'élucider vos sentiments ? Pensez-vous : « Ah non, il vaudrait mieux que je change d'humeur, sinon je n'arriverai jamais à fonctionner ! » ? Ou encore : « Oh la la ! Je vais devoir faire augmenter ma dose de médicaments. » Les blessures émotionnelles entraînent chez chaque individu des expériences corporelles uniques et des réactions mentales qui lui sont propres.

Apprivoiser l'énergie émotionnelle consiste à focaliser notre attention sur ces sensations et ces réactions sans les juger, à permettre au corps de ressentir ce qu'il ressent et au mental, de penser ce qu'il pense, tout en demeurant un observateur lucide - une conscience attentive au flot de sensations et de pensées qui s'élèvent dans le complexe corps ou esprit.

S'ABANDONNER : POUR LÂCHER PRISE, IL FAUT LAISSER CIRCULER

S'abandonner, c'est apprivoiser toujours plus l'énergie émotionnelle, lui permettre de s'écouler jusqu'à son terme. S'abandonner, ce n'est pas devenir passif et se dire : « Au diable, je me fiche de ce qui va se passer. Je vais donc avaler cette bouteille de scotch et me vautrer dans mon chagrin. » Il ne s'agit pas non plus de renoncer à vos sens ou à votre perception consciente, mais d'être pleinement présent à l'énergie émotionnelle et la laisser traverser le corps jusqu'à ce qu'elle disparaisse. Pour lâcher prise, il faut laisser circuler. Tel est l'axiome de base de l'abandon. Il est impossible de se départir totalement d'une blessure émotionnelle sans en avoir complètement éprouvé sa réalité.

Une bonne part d'apprivoisement est nécessaire avant d'être en mesure de lâcher l'émotion en question. Comme pour l'apprivoisement, s'abandonner à l'énergie émotionnelle est un processus qui signifie « plongeons-y », et non « sortez-moi d'ici ». S'éloigner de la douleur, ce n'est pas s'y abandonner. Pour ce faire, il faut plonger directement dans celle-ci en ayant pour seule protection l'attention consciente.

Il ne s'agit pas alors d'effectuer un détachement dans le sens conventionnel du terme, mais un détachement connecté ou relié consciemment à l'énergie émotionnelle. Cette action découle du fait d'être conscient, pas déconnecté. S'abandonner au chagrin, à la peur ou au désespoir ressemble de prime abord à un conseil fort mal avisé. Vous vous interrogez : « Si je m'abandonne, ne serai-je pas submergé ? Ne deviendrai-je pas dysfonctionnel ? » À vrai dire, c'est plutôt l'opposé. L'abandon est une forme d'acceptation profonde des émotions que nous préférerions ne pas connaître. Paradoxalement, c'est cet acquiescement qui permet à l'énergie émotionnelle de circuler et qui nous assure de nous en départir. Voyez la différence entre le poing serré qui s'agrippe et la main ouverte détendue. Associez cette image au cœur.

À quoi ressemblerait le fait de simplement vous abandonner et de plonger dans les sentiments que vous tentez si résolument de dominer et de contenir ? L'une de mes clientes apprit très jeune que le chagrin n'était pas une émotion admissible. Sa famille lui avait signifié ceci : « Nous sommes tous heureux ici et mieux vaut garder les choses ainsi, sinon ... » Plus tard dans sa vie, elle se culpabilisait d'être triste, même si les circonstances s'y prêtaient. Au cours d'une séance, je lui demandai de voir ce qui se passerait si elle demeurait simplement présente à sa tristesse, sans tenter de l'influencer.

À notre rencontre suivante, elle me dit être restée présente à sa tristesse toute la semaine et avoir découvert que cette émotion n'était pas aussi douloureuse qu'elle l'avait supposé. Finalement, c'était plus pénible pour elle de chercher à l'endiguer, car elle devenait par le fait même anxieuse, déprimée et elle se sentait coupable.

Elle s'y était abandonnée, se rendant compte, à son grand étonnement, que c'était une émotion plutôt « sensuelle », beaucoup plus facile à supporter que les auto flagellations aiguës qu'elle s'infligeait en la bridant. Dès lors, elle se baptisa d'un nom de couleur amérindienne : « celle qui s'assoit avec la tristesse ».

En s'abandonnant à cette émotion longtemps refoulée, elle découvrit non seulement sa tristesse, mais aussi son sens de l'humour. Voilà l'alchimie émotionnelle.

PARTIE 4 : ÊTES-VOUS PRÊT À GUÉRIR DES BLESSURES ÉMOTIONNELLES QUI VOUS MAINTIENNENT BLOQUÉ ?

" Ton passé était seulement une leçon, et non une sentence. C'est pour cette raison que tu ne dois jamais devenir son prisonnier. "

Les Mots Positifs

Chapitre 1 : 7 étapes pour dire adieu aux blessures émotionnelles

Sept étapes vers l'alchimie émotionnelle :

Même si l'alchimie des blessures émotionnelles est un processus non linéaire et de créativité chaotique, il est possible d'apprendre les trois compétences requises par celui-ci et de les assimiler en les mettant en pratique.

PREMIÈRE ÉTAPE

L'INTENTION : CENTRER SA VOLONTÉ SPIRITUELLE

L'aphorisme « Soyez attentif à ce que vous réclamez, car vous pourriez bien l'obtenir » souligne clairement le pouvoir de l'intention. D'après ma définition, l'intention est une sorte de volonté spirituelle. Le mot volonté ne fait pas ici référence à un effort délibéré et surhumain. La volonté spirituelle est le moyen par lequel le mental, le cœur et l'esprit sont canalisés et se focalisent. Ce type d'intention est une fonction puissante de l'état conscient, même si nous ne la remarquons pas toujours.

Par exemple, les gens viennent en thérapie en ayant une attente du genre : « Le thérapeute réglera mes problèmes en faisant disparaître mes pénibles états. » De telles intentions reflètent souvent l'aspiration profonde et subconsciente d'être secouru de ses propres émotions. C'est un désir tout à fait compréhensible. En réalité, lui prêter attention fera émerger toutes les blessures émotionnelles que l'on souhaite éviter. S'attendre à voir ses problèmes réglés équivaut à vouloir être évacué d'un territoire en guerre. Il est tout naturel de souhaiter qu'un hélicoptère apparaisse afin de vous tirer de là. Mais en vérité, le processus thérapeutique est une odyssée bien terre à terre et il faudra parcourir le terrain à pied pour atteindre votre destination : un territoire de paix et de liberté affectives. Vouloir être secouru, c'est attendre passivement que quelqu'un fasse les choses pour vous, au lieu de faire appel à vos propres ressources en vue d'une transformation affective.

Vouloir voir ses problèmes réglés sous-entend aussi que l'on se sent déréglé. Voilà où l'action émotionnelle se situe. Il faudra donc aborder cette impression d'être déréglé avant de la guérir ou de la transformer. L'intention initiale de la personne doit dès lors passer du : « Je veux que quelqu'un fasse disparaître mes émotions » à : « Je veux mieux les connaître et découvrir ce qu'elles ont à m'apprendre ». Tous, nous nous sentons plus ou moins déréglés. En formulant votre intention de vivre l'alchimie des blessures émotionnelles, il vous faut tenter d'accepter ce fait. Cessez de vous blâmer et de vous culpabiliser par rapport à vos blessures. Consultez plutôt votre esprit. L'ego ordinaire souhaite être soulagé ; il veut éviter, fuir. Mais votre âme a une vue d'ensemble de la situation ; elle peut se montrer patiente et désire surtout se réaliser, même par la souffrance.

DEUXIÈME ÉTAPE

L'AFFIRMATION : ADOPTER UNE ATTITUDE POSITIVE DEVANT L'ÉMOTION

Cette deuxième étape de l'alchimie des blessures émotionnelles consiste à affirmer la sagesse de celles-ci. Il faut transformer votre attitude au sujet de ce que vous éprouvez. Tous conditionnés par une culture phobique à l'émotion, nous avons intériorisé nombre d'idées sur l'aspect « négatif » des sentiments douloureux. Néanmoins, sur le plan corporel, il y a une différence entre ce que vous aimeriez croire et ce que vous croyez. Les convictions subconscientes sont ancrées profondément, elles sont tenaces - un peu à la manière des émotions inconscientes. Même le catholique qui s'est détourné de sa religion peut continuer à croire inconsciemment que Dieu le punira pour ses mauvaises pensées. Cette conviction suscitera de la peur et de la culpabilité. De façon analogue, les attitudes défavorables au sujet des blessures émotionnelles intensifient la souffrance qu'elles provoquent.

Les psychologues nomment cette modification de l'attitude « restructuration cognitive » ou « recadrage ». Par exemple, penser : « je suis faible » quand vous êtes triste ou effrayé peut être recadré par : « je suis assez fort et courageux pour consentir à me sentir triste ou effrayé ». En révisant et restructurant le chagrin, la peur et le désespoir, nous en venons à les voir non pas comme des obstacles ou des ennemis, mais comme d'éventuels guides vers la transformation spirituelle. Ce type d'affirmation pose le fondement essentiel qui permettra de faire confiance à l'énergie émotionnelle et de l'employer judicieusement.

TROISIÈME ÉTAPE

LES SENSATIONS CORPORELLES : SENTIR, APAISER ET NOMMER LES ÉMOTIONS

Je ne le répéterai jamais assez : les sentiments vivent dans le corps. Les évoquer, ce n'est pas les éprouver. L'intelligence émotionnelle est une intelligence corporelle. Pour se livrer à l'alchimie émotionnelle, il faut savoir prêter l'oreille au corps. Cette compétence est nommée « sensibilité émotionnelle ». Ne vous en faites pas, si votre oreille n'est pas attentive aux signaux affectifs transmis par votre corps. Celui-ci possède divers moyens pour attirer votre attention sur les émotions. En l'absence d'une aptitude fine à écouter le langage affectif du corps, des « symptômes » se manifesteront afin de capter votre attention. Comme un vague mal d'estomac peut dégénérer avec le temps en un ulcère, un chagrin passé sous silence pourra se dégrader en un trouble de l'anxiété ou en dépression clinique. La peur démentie se fera évidente par une baisse du système immunitaire et par divers problèmes psychosomatiques.

Le désespoir désavoué subsiste dans le corps et nous pousse à agir de manière dangereuse pour nous-mêmes et autrui. L'apparition de tels signes et symptômes peut paraître décourageante. Mais inutile de l'envisager ainsi. En réalité, il s'agit d'un réflexe inné dont est doué le complexe corps ou esprit et qui tend à la guérison. Si vous n'arrivez pas à situer avec précision les sentiments dans votre corps, vous pouvez du moins prendre conscience des symptômes et les examiner minutieusement afin de voir quelles émotions ils recèlent ou travestissent. Si vous prêtez ainsi attention à votre ulcère, votre asthme ou votre mal de dos, vous pouvez dénicher les blessures émotionnelles que celui-ci dissimule.

Être à l'écoute du langage émotionnel du corps s'avère plus difficile pour les hommes, qui sont incités à développer de robustes « armures corporelles » pour se protéger contre la fluidité et la vulnérabilité de l'énergie émotionnelle, davantage associée à la féminité. En règle générale, les femmes entretiennent un contact plus étroit avec leurs sentiments, mais cela n'indique pas qu'elles réussissent mieux l'alchimie émotionnelle. Elles ont culturellement appris à situer les sentiments dans le corps, à les nommer et à les exprimer avec plus d'exactitude que les hommes. Mais nous avons aussi appris à culpabiliser à leur sujet. Par conséquent, nous sabotons généralement l'énergie émotionnelle, nous privant ainsi des bienfaits de la sensibilité.

Les hommes comme les femmes gagneront à acquérir une compréhension plus subtile de la connexion entre le corps et l'émotion, ainsi qu'une aptitude à lire les signaux corporels traduisant les sentiments. Cette compétence modifiera profondément la capacité de se relier à soi-même et aux autres. En outre, sentir les émotions dans le corps, il est important de savoir comment apaiser l'énergie émotionnelle quand elle se fait intense. Thich Nhat Hanh, moine bouddhiste vietnamien et maître spirituel, suggère de prendre le temps de « bercer » notre colère et notre désespoir. Atténuer ces émotions est indispensable, à son avis, car cela nous évite d'agir hâtivement ou imprudemment.

Enfants, la plupart d'entre nous n'ont pas été assez réconfortés. Quand nous étions perturbés, on nous ignorait, nous culpabilisait ou nous punissait, au lieu de nous consoler. Une fois adultes, nous souffrons encore de ce manque d'apaisement. Dans l'état actuel du monde, avec ses agressions et ses facteurs de stress quotidien (dont la frénésie du mode de vie occidental, l'afflux massif d'informations à digérer et la violence de notre société), nous pourrions tous bénéficier d'être bercés comme des bébés ! Même si quelqu'un nous le propose, il est toutefois encore plus important d'être capable de s'apaiser soi-même. En dernier lieu, j'ajouterais que les émotions dans le corps doivent être nommées avec justesse. Si vous souhaitez transformer votre état affectif, il faut savoir ce que vous ressentez. La sensibilité, cette aptitude à ressentir l'émotion dans le corps, doit s'accompagner d'une éducation émotionnelle développant la capacité d'identifier l'émotion avec clarté, subtilité et exactitude. Ainsi, nous avons tous besoin d'aide en ce qui touche à l'éducation émotionnelle.

QUATRIÈME ÉTAPE

LA CONTEXTUALISATION : ÉLARGIR L'HISTOIRE

Personne n'échappe à la souffrance psychologique. D'une part, il y a la souffrance ; de l'autre, l'histoire que nous nous racontons à son sujet. Nous possédons tous une histoire à son propos. La plupart sont des récits narcissiques où le moi constitue l'unique point focal. La culture individualiste de la psychologie a bel et bien contribué à ce narcissisme. Nous en sommes venus à concevoir « l'enfant intérieur » comme une réalité dépourvue de liens avec quoi que ce soit d'autre, à l'exception de la famille nucléaire. Pour mettre en pratique l'alchimie émotionnelle, il faut être au courant de l'histoire que nous nous racontons au sujet de notre souffrance et la reformuler dans un cadre social, culturel, global ou cosmique.

L'alchimie émotionnelle et l'écologie affective sont étroitement liées. Si nous ne repérons pas ce lien, nous sommes condamnés aux incessantes jérémiades de l'ego. Établir le lien entre notre douleur personnelle et celle du monde est un aspect indispensable de l'alchimie émotionnelle, puisque nous nous extirpons ainsi de l'isolement que les blessures émotionnelles tendent à imposer, notamment dans une culture phobique à l'émotion.

CINQUIÈME ÉTAPE

LA VOIE DU NON-AGIR : APPRIVOISER CE QUI FAIT MAL

La voie du non-agir développe la compétence qu'est la tolérance à l'affect. Si vous parvenez à supporter le chagrin, la peur et le désespoir dans le corps sans agir prématurément dans le but de les réprimer, vous appliquez alors la voie du non-agir. Être capable de centrer et de maintenir l'attention consciente sous l'empire d'états affectifs tumultueux ou douloureux représente sans doute la compétence la plus indispensable à l'intelligence émotionnelle.

Toute pratique de l'attention consciente favorise cette aptitude. Le tai-chi, le yoga ainsi que toute forme d'exercice physique développant la concentration s'avéreront particulièrement utiles. J'enseigne à mes clients la méditation vipassana (méditation analytique), une pratique bouddhiste élémentaire popularisée par Jack Kornfield, Joseph Goldstein, Jon Kabat Zinn et d'autres disciples américains du bouddhisme theravada.

La voie du non-agir semble entrer en contradiction avec la nature même d'émotions telles la peur et la colère, qui nous poussent à agir. Mais en vue d'agir consciemment, il faut d'abord « non agir » consciemment. Apprivoiser avec lucidité l'énergie émotionnelle constitue la meilleure protection contre les dangers potentiels de l'action irréfléchie susceptible d'entraîner une série d'événements regrettables. Il est possible de découvrir et de cultiver la voie du non-agir grâce à la méditation et à la visualisation des émotions dans le corps. (Cf. les exercices émotionnels suggérés au dernier chapitre).

SIXIÈME ÉTAPE

LA VOIE DE L'AGIR : ACTION SOCIALE ET SERVICE SPIRITUEL

Le moyen le plus expéditif de transformer ce que vous ressentez, c'est de changer ce que vous faites. C'est là la base du behaviorisme et de la thérapie qui s'inspire de cette théorie. C'est également ce que l'on fait intuitivement lorsque l'on tente de se distraire du chagrin en faisant une promenade, en regardant la télé ou en téléphonant à un ami. Quand nous nous distrayons de nos émotions, nous agissons en dépit de ce que nous ressentons. Néanmoins, dans la voie de l'action, il s'agit de découvrir une conduite qui mettra l'énergie de l'émotion au service de la transformation.

Les blessures émotionnelles exigent une action quelconque de notre part. La peur impose d'agir pour préserver notre survie ou notre sûreté. Le chagrin et le désespoir requièrent, au contraire, de demeurer tranquilles ; et pourtant, ce calme implique lui-même un certain nombre de gestes. Pour pleurer une disparition, il faut agir en sorte de laisser le chagrin s'écouler, plutôt que de le mettre en échec. Pour être présent au désespoir, il faut trouver des pratiques qui nous permettent d'accepter notre état émotionnel et de nous y abandonner consciemment. Les blessures émotionnelles nous poussent à trouver l'action juste, à agir en toute lucidité et à observer les transformations, même subtiles, qui s'ensuivent. La voie de l'agir est une médecine puissante en cette époque tumultueuse.

L'action sociale et le service spirituel sont deux formes d'altruisme qui, sans viser le gain personnel, apportent toutefois le bonheur de se sentir utile. Ce sont deux manières de mettre en pratique cette étape. Lorsque nous traduisons notre chagrin, notre peur ou notre désespoir en une action consciente, en notre nom et au nom d'autrui, ces émotions acquièrent un pouvoir catalytique.

Par ailleurs, la voie de l'action peut aussi être mise en pratique par le biais de gestes de bienveillance envers soi-même ou autrui, aussi minimes soient-ils. C'est une voie que nous pouvons adopter quand nous ne savons pas trop quoi faire d'autre.

Comme le disait l'une de mes clientes qui se sentait impuissante face à la toxicomanie de son frère : « Quand vous ne pouvez rien faire, il reste toujours l'amour. »

SEPTIÈME ÉTAPE.

LA TRANSFORMATION : LA VOIE DE L'ABANDON

L'art de la libre circulation émotionnelle consciente est celui de l'abandon. Ce n'est pas en disséquant minutieusement vos sentiments ou en analysant les causes antérieures de votre personnalité, que vous parviendrez à ce flux non entravé de l'émotion. Voilà pourquoi des années de « thérapie du blabla » n'engendrent que peu de transformations sur le plan émotif. La libre circulation de l'émotion ne puise pas sa source dans la discussion ou la partie analytique du cerveau, mais dans sa partie intuitive et créative. Cette étape peut être concrétisée par la créativité, la prière, le travail sur l'énergie et le jeu. (Cf. les exercices émotionnels suggérés au dernier chapitre).

Cette aptitude essentiellement humaine nous guérit du passé et transforme le présent. L'émotion est la source première de tout devenir conscient. Les émotions dites négatives sont douées d'un pouvoir formidable. L'alchimie émotionnelle ne consiste pas à dominer ou à transcender cette puissance, mais à l'apprivoiser et à s'en servir pour notre bien, celui d'autrui et de la Terre. Tenez un journal intime de votre alchimie émotionnelle, afin de noter les sections du programme que vous appliquez ; et constatez les progrès de votre habileté à l'alchimie.

J'aimerais maintenant avoir votre avis sincère exprimé sur Amazon. Non pas pour nourrir mon égo, mais plutôt pour m'indiquer ce que vous a apporté ce livre, ce que vous auriez éventuellement moins aimé, ce qui a pu vous manquer, de sorte que je puisse encore enrichir cet ouvrage qui évoluera avec le temps puisque je continuerai de l'actualiser.

Chapitre 2 : Autres antidotes contre les blessures émotionnelles

Ce chapitre comporte 15 exercices conçus pour vous aider à localiser et apprivoiser l'énergie émotionnelle du cœur et à l'utiliser en vue d'une transformation. Que maintes bénédictions accompagnent votre parcours alchimique ! En un sens, l'exercice émotionnel diffère largement de l'aérobique : pour réussir, il faut ralentir la cadence plutôt qu'accélérer ! Détendez votre corps, votre esprit, ralentissez le fil de votre pensée et diminuez vos ondes cérébrales. Respirez à fond, adoptez un rythme lent... et vous voilà prêt à démarrer ! Le processus alchimique est entièrement fluide, non linéaire et centré au cœur ; ce n'est en aucun cas une méthode statique comprenant des étapes standardisées à suivre selon une progression déterminée. Il n'est pas nécessaire d'effectuer ces 15 exercices pratiques en suivant un ordre préétabli. Faites-en certains, sautez-en d'autres ; jouez avec eux !

Même s'il est utile de consolider les hémisphères gauche et droit du cerveau et d'avoir en main un itinéraire du voyage au fil des blessures émotionnelles, quelques détours fructueux s'avèrent souvent opportuns. Vous êtes le seul spécialiste de la question ! N'oubliez pas, votre cœur trouvera le moyen de guérir vos blessures émotionnelles si vous en avez la ferme intention et si vous cultivez la tolérance envers l'émotion.

EXERCICE 1. LE POUVOIR DE L'INTENTION

Quelle serait l'intention la plus ambitieuse que vous puissiez formuler en ce qui a trait à votre chagrin, à votre peur ou à votre désespoir ? Méditez la question en silence. Écoutez ce que votre cœur vous dicte. Définissez minutieusement vos intentions et notez-les. Affirmez-les chaque jour au réveil et en vous endormant le soir. Si cet exercice vous pose des difficultés, tentez ceci. Divisez une page en deux. D'un côté, inscrivez « Personnalité » et de l'autre, « Âme ».

Décrivez ensuite les traits de votre personnalité et ceux de votre âme. Quand mes clients se livrent à cet exercice, les deux listes présentent souvent des contrastes marqués. Par exemple, vous avez une personnalité impulsive, impatiente, de type A, alors que votre âme est patiente, tolérante, bienveillante. Retournez à la question de l'intention mais, cette fois, adressez-la à votre âme plutôt qu'à votre personnalité. Quelle est son intention en ce qui concerne votre chagrin, votre désespoir, votre peur ? Gardez la réponse à l'esprit.

EXERCICE 2. IDENTIFIER VOS CROYANCES

Il s'agit d'un exercice où il faut compléter les phrases sur chaque blessure émotionnelle l'une après l'autre. Vous pouvez aussi l'appliquer à la colère ou à n'importe quelle autre émotion. Inscrivez ces segments de phrases, puis complétez-les.

Il ne faut pas trop y réfléchir. Ne notez que ce qui vous vient à l'esprit spontanément. Ne censurez pas vos pensées, évitez de les falsifier ou de les enjoliver - il suffit de les transcrire.

→ Je considère le chagrin (ou ma peur, mon désespoir) comme étant ...

→ Ce que mon chagrin (ou ma peur, mon désespoir) révèle à mon sujet, c'est ...

→ Si je ressentais pleinement mon chagrin (ou ma peur, mon désespoir), je serais ...

→ Ce que j'aimerais bien faire de mon chagrin (ou de ma peur, de mon désespoir), c'est ...

Observez vos croyances négatives. Notez aussi celles qui sont positives. Tentez de supprimer les premières et de mettre en relief les secondes. Par supprimer, je n'entends pas qu'il faille vous détester parce que vous entretenez ce type d'opinion. Contentez-vous de constater que vous avez des idées négatives et tentez de leur substituer des croyances positives.

EXERCICE 3. AFFIRMER LES CROYANCES FAVORABLES SUR L'ÉMOTION

Dressez une liste d'opinions positives pour contrer les idées négatives révélées par l'exercice précédent.

Voici quelques exemples d'opinions favorables sur les blessures émotionnelles :

→ J'estime que le chagrin est un processus de guérison de nos blessures et de nos pertes.

→ Je crois que la peur est un signal qui incite à prêter attention à quelque chose d'important ou d'urgent.

→ Je considère que le désespoir est une invitation à transformer le sens que j'attribue à ma vie et à renouveler ma foi.

→ Ce que mon chagrin révèle à mon sujet, c'est que je suis ouvert, que j'ai le cœur tendre et que je suis affectueux(euse).

→ Ce que ma peur révèle, c'est que je suis humain.

→ Ce que mon désespoir révèle, c'est que je dois prendre soin de moi et m'occuper de mon âme.

→ Si je vivais à fond mon chagrin, je serais beaucoup plus vivant et reconnaissant pour chaque instant.

→ Si je vivais pleinement ma peur, je serais en mesure de prendre davantage de plaisir dans à la vie.

→ Si j'éprouvais totalement mon désespoir, je me renouvellerais et ma vie acquerrait plus de sens et d'intégrité.

→ Ce que j'aimerais bien faire de mon chagrin, c'est l'utiliser pour développer de la compassion.

→ Ce que j'aimerais bien faire de ma peur, c'est m'en servir judicieusement pour protéger ceux que j'aime.

→ Ce que je voudrais bien faire de mon désespoir, c'est apprendre de lui comment discerner clairement et vivre pleinement dans l'obscurité comme dans la lumière.

EXERCICE 4. APPRENDRE DE VOS BLESSURES ÉMOTIONNELLES

Complétez chacune de ces phrases en indiquant ce que vous aimeriez idéalement croire à propos de vos blessures émotionnelles.

→ Du fait d'avoir pris conscience de mon chagrin (ma peur, mon désespoir) et d'avoir été présent à celui-ci, ma tâche est désormais...

→ Quand je vois mes blessures émotionnelles comme des maîtres, j'apprends ...

→ Plutôt que d'éviter les blessures émotionnelles, je peux les employer avec créativité pour …

EXERCICE 5. EFFACER LES CROYANCES NÉGATIVES

Il est souvent difficile de se départir d'opinions négatives au sujet des sentiments. Ces idées nous hantent et nous n'arrivons pas à les supprimer. Ces opinions négatives viennent renforcer les émotions qu'elles critiquent. Par exemple, si chaque fois que vous vous sentez déprimé, vous vous dites : « Encore déprimé … pas un seul de mes amis ne peut plus me supporter, je suis faible, je ne suis pas à la hauteur », ce schéma de pensée viendra aggraver votre dépression. Si vous avez des pensées dont vous aimeriez vous départir, vous devez d'abord savoir localiser ou « saisir » la pensée au moment où elle survient.

La méditation contemplative vous permet de devenir plus conscient des processus mentaux.) Une fois que vous aurez repéré la pensée simplement comme elle apparaît, vous pourrez la remplacer par n'importe quelle autre sur votre « écran mental » et la radier. Visualisez l'écran (un carré vide, un écran d'ordinateur ou de télévision) au milieu de votre front, juste au-dessus des yeux. Lorsque vous vous surprenez à penser : « Je suis faible et pas à la hauteur » (ou toute autre pensée que vous souhaitez effacer), faites-la passer sur l'écran et barrez-la d'un grand X.

Percevez clairement ce X d'une teinte qui fait effet sur vous : le rouge, le noir ou le blanc. Ce X doit être assez grand pour recouvrir la pensée en entier et l'oblitérer. Aussitôt que vous l'aurez tracé sur l'écran, la pensée se volatilisera.

À l'ère informatique, une autre visualisation efficace est possible. Au lieu de rayer la pensée, glissez-la vers la poubelle et supprimez-la.

EXERCICE 6 : LE SOUFFLE APAISANT

Le moyen le plus simple, aisé, efficace et discret de vous calmer, c'est la respiration consciente. Pour apaiser vos émotions, il n'est pas nécessaire de vous asseoir dans la position du lotus. Il suffit d'apprendre à respirer. J'ai une copine qui court se réfugier dans les toilettes et s'y enferme lorsqu'elle se sent stressée au travail. Elle tient à respirer à fond sans avoir l'air bizarre. Que vous choisissiez les toilettes ou votre bureau, que vous l'intégriez à votre routine matinale ou l'effectuiez au besoin, votre respiration est votre meilleure, votre première alliée dans l'art de l'alchimie émotionnelle. Elle est toujours à portée de poumons et ne vous laissera jamais tomber.

C'est la berceuse du corps. En dépit de nos capacités ou incapacités, de nos antécédents ou des circonstances sociales, nous respirons tous ! Tant que vous respirez, vous êtes en mesure d'apaiser votre chagrin, votre peur, votre désespoir. Le souffle apaisant que j'emploie et que j'enseigne est une version d'une technique de yoga exhaustive acquise il y a près de trente ans.

Je suis persuadée que cette méthode m'a aidée à traverser plusieurs épreuves. (Il n'est pas nécessaire de connaître le yoga pour la pratiquer, mais c'est toujours utile). Installez-vous dans un endroit confortable, assis ou allongé. Commencez par respirer normalement, puis ralentissez et allongez délibérément la respiration. Respirez à fond dans votre corps, sentez le souffle pénétrer l'abdomen, gonfler votre poitrine et monter jusqu'à votre gorge, sentez votre diaphragme se soulever et votre poitrine s'ouvrir. Focalisez toute votre attention sur cette inspiration. Puis, en expirant, sentez l'air quitter votre gorge et votre poitrine, puis votre ventre.

Aplatissez un peu votre abdomen à la fin de l'exhalation, afin d'expulser l'air qui reste. Focalisez toute votre attention sur cette expiration. Si vous le souhaitez, vous pouvez produire un son avec le souffle. Grâce à la respiration consciente, nous sommes en mesure de nous mettre à l'écoute de l'engourdissement que nous avons choisi comme substitut à l'apaisement, lorsque nous ignorons la manière de tempérer véritablement cette douleur.

EXERCICE 7. PRÊTER ATTENTION AUX SIGNAUX ÉMOTIONNELS DU CORPS GRÂCE À LA RESPIRATION CONSCIENTE

Assis ou allongé, prenez quelques minutes pour écouter votre corps. Que sentez-vous ? Où la sensation se situe-t-elle dans le corps ? Familiarisez-vous avec les signaux particuliers diffusés par l'organisme quand vous éprouvez du chagrin, de la peur, du désespoir ou toute autre émotion. Ces émotions se situent communément en des points spécifiques et produisent des sensations particulières. Plusieurs personnes perçoivent le chagrin dans la poitrine. (En médecine traditionnelle chinoise, les poumons sont associés à celui-ci.)

D'autres éprouvent la crainte dans les intestins. Lorsque la frayeur se fait aiguë, ils sentent de l'agitation dans l'intestin, ont mal au ventre ou souffrent de diarrhée. Le désespoir a tendance à produire une impression sur toute l'étendue du corps ; la principale est une sorte de vide engourdi. Néanmoins, les localisations et sensations associées à vos émotions s'avéreront peut-être plus particulières. Ne vous fiez pas aux systèmes établis par d'autres pour discerner vos sensations corporelles. Les ouvrages nouvel âge offrent une pléthore d'idées sur l'emplacement des émotions dans le corps ou la correspondance entre les maux physiques et les émotions.

Ces idées sont valables comme suggestions évocatrices, vous devez effectuer votre propre travail et cultiver la sensibilité émotionnelle au sein du complexe unique de votre corps/esprit. Le souffle est la voie de l'apaisement ; d'ailleurs, il l'est aussi pour la perception consciente. Une fois que vous aurez localisé une blessure émotionnelle (ou plusieurs) dans le corps, apportez la respiration à l'émotion dans votre corps et respirez par elle. Respirez avec le chagrin dans votre poitrine, avec la peur au ventre, avec le désespoir dans votre cœur. Aucun effort n'est requis ici ; il ne faut pas tenter de modifier votre ressenti. Reportez simplement votre attention consciente sur celui-ci, grâce au souffle. En respirant avec les émotions qui habitent votre corps, vous devenez plus conscient, plus tolérant face à ces énergies.

EXERCICE 8. LE LANGAGE CORPOREL

Si vous éprouvez des difficultés à situer les émotions dans le corps, tentez ceci. Assis ou allongé, procédez à un balayage mental complet du corps. Déplacez votre attention du bout des orteils jusqu'au sommet de la tête, en scrutant chaque partie du corps tour à tour : orteils, pieds, chevilles, mollets, genoux, cuisses, organes génitaux, bassin, bas du dos et bas-ventre, dos et torse, omoplates et poitrine, épaules, avant-bras, coudes, bras, poignets, mains et doigts.

Puis, passez à la gorge, à la mâchoire, au visage, aux oreilles, aux yeux (et aux régions autour), au front et au cuir chevelu. Prenez note des points où se forment des nœuds tendus ou douloureux et concentrez votre attention sur ceux-ci. Imaginez que votre corps est doué d'une voix et laissez-la s'exprimer - au temps présent et en employant le « je ». Par exemple, vous découvrez un nœud tenace dans l'abdomen. Livrez-vous à la libre association pour cette région du corps ; dites tout ce qui vous vient à l'esprit, en restant centré sur cette région et en respirant : je suis noué. Je ne peux me détendre, sinon quelque chose de terrible va survenir. Voilà la voix de la peur dans votre corps.

Ou encore, vous repérez une zone tendue dans la poitrine qui semble déclarer : je veux pleurer, mais je crains de ne pouvoir arrêter mes larmes. Il s'agit d'une peine de longue date. Ou encore, vous remarquez que votre mâchoire est tendue. Elle exprime ceci : je voudrais crier, mais j'ai l'habitude de tout garder à l'intérieur. Il s'agit d'une colère refoulée. Vous pouvez appliquer ce langage corporel à un ou plusieurs sites où l'émotion est contenue. Le but de l'exercice n'est pas de vous égarer dans l'émotion, mais de la déceler dans le corps par une attention consciente. Une fois ce repérage accompli, vous êtes apte à passer à d'autres étapes. Dans votre journal d'alchimie émotionnelle, notez tout ce que vous raconte votre corps.

EXERCICE 9. LE LANGAGE DES CHAKRAS

Comme nous l'avons vu, les émotions sont des énergies. Quand elles sont vécues en toute conscience et qu'elles peuvent circuler librement, elles apportent vitalité, passion et couleur à la vie. Lorsqu'elles sont contenues ou que l'on s'y agrippe, qu'elles sont niées ou ignorées, elles restent « bloquées » dans le corps et contribuent à un déséquilibre du prana dans l'organisme.

Voilà pourquoi, d'après les études scientifiques, certaines émotions contribuent à des affections physiques telles que les maladies cardiaques et cardiovasculaires, les troubles immunologiques et le cancer. Chakra, mot sanskrit, signifie « roue ». On décrit les chakras comme des roues tournoyantes de lumière, d'énergie ou de couleur. Ils sont constitués d'énergies subtiles que les hindous appellent prana. Lorsque ces énergies sont équilibrées, la santé fleurit.

Par contre, la maladie ou les troubles organiques sont dus à un déséquilibre ou à un blocage du prana. Porter attention aux chakras est un bon moyen de vous entraîner à prendre conscience de l'énergie émotionnelle. L'attention consciente à l'émotion susceptible de déséquilibrer les chakras et la force vitale dans le corps est une compétence indispensable pour préserver la santé physique et mentale.

Lors de ce balayage mental du corps, reportez votre attention sur chacun des sept chakras ou centres d'énergie.

Tout d'abord, imaginez-les comme des roues de lumière et d'énergie : le chakra racine, le premier, est à la base de l'épine dorsale. Le deuxième chakra se situe dans la région des organes génitaux et de l'abdomen. Le chakra du plexus solaire est juste au-dessus du nombril. Le chakra du cœur se trouve dans la cage thoracique. Le chakra de la gorge est à la base de la gorge.

Le chakra du « troisième œil » se situe juste au-dessus des yeux, au centre du front. Le chakra de la couronne est, quant à lui, au sommet de la tête. Il peut être utile de visualiser les couleurs auxquelles sont traditionnellement associés ces centres énergétiques : rouge pour le chakra racine, orangé pour le chakra sexuel, jaune au plexus solaire, rose ouvert dans la région du cœur, bleu pâle à la gorge, indigo ou bleu foncé au troisième œil et violet ou mauve au sommet du crâne.

Il peut aussi être utile de connaître les aptitudes ou les attributs de chaque chakra. Le chakra racine est lié à la survie ; le chakra des organes génitaux, à la sexualité et aux émotions en général ; le chakra du plexus solaire, au pouvoir et à la volonté ; le chakra du cœur, à l'amour et à la compassion ; le chakra de la gorge, à la parole, à la communication et à la créativité ; le chakra du troisième œil, à l'intuition et à la connaissance directe ; et le chakra de la couronne, à la paix et au divin.

De la même manière que vous avez permis à la voix de votre corps de s'exprimer dans l'exercice précédent, consentez à ce que votre corps parle maintenant par le biais de chaque chakra. Par exemple, focalisez votre attention sur le chakra du cœur et écoutez attentivement son message, qui pourrait être : je suis tendu en raison d'années passées à ne pas me laisser aimer.

Ou bien sur le chakra de la gorge, où vous entendrez peut-être : je crains d'exprimer ma vérité, alors je la ravale. Les blessures émotionnelles maintenues dans les chakras sont généralement des accumulations profondes d'énergie émotionnelle provenant du passé. Cet exercice peut vous permettre d'identifier tout chagrin ou désespoir, toute peur ou colère présents en vous.

EXERCICE 10. VOTRE PORTRAIT EN BLESSURE ÉMOTIONNELLE

Songez aux blessures émotionnelles primaires sous forme de teintes sur votre palette. Notez quelles couleurs primaires sombres prédominent dans votre portrait psychologique - chagrin, peur ou désespoir. Il faudrait aussi inclure la colère, puisque nous convertissons souvent les autres blessures émotionnelles en rage. Interrogez-vous : avez-vous tendance à être plus furieux que triste ou vice-versa ? Certaines émotions sont-elles retenues pour en masquer d'autres ? Par exemple, pleurez-vous lorsque vous êtes fâché, la tristesse vous paraissant plus acceptable que la colère ? Votre colère voile-t-elle de la peur ? Votre désespoir engourdit-il un chagrin ? Notez tout. Usez de ce portrait psychologique comme d'un tremplin pour une future prise de conscience de vos blessures émotionnelles.

EXERCICE 11. JE SENS ... JE SAIS

Dans votre journal, commencez chaque jour une page par les mots : « Je me sens ... Je sais. ». Puis, livrez-vous à une association libre. « Je me sens ... fâché et agacé. Je sais ... que ces sentiments servent à masquer ma vulnérabilité, ma tristesse et mon angoisse ». Ou : « Je me sens triste ... Je sais que c'est parce que je n'ai pas été capable de parler avec mon mari de ce qui me tourmente et que j'ai l'impression alors d'être seule. ». Ou encore : « J'ai peur ... Je sais que j'ai l'habitude de me couper des gens quand j'éprouve ce sentiment ». Tenez-vous-en à cette pratique quotidienne. Vous apprivoiserez ainsi vos blessures émotionnelles ; bientôt, vous pouvez exceller à les ressentir et à les nommer, vous entendrez ce qu'elles ont à divulguer et apprendrez ce qu'il faut faire d'elles.

EXERCICE 12. LE SERVICE SPIRITUEL ET L'ACTION SOCIALE

Je ne départage plus désormais le service spirituel et action sociale. Agir en vue de la paix et de la justice en ce monde est, à mes yeux, un acte de service spirituel, qu'on le définisse ou non ainsi. Et le service spirituel a des répercussions sociales. Que vous fassiez du bénévolat dans un hôpital pour enfants ou que vous vous consacriez à réduire la pollution environnementale, l'action mue par la compassion est un moyen puissant de transformation des blessures émotionnelles. Servez-vous de votre expérience de la peur comme énergie motrice pour aider une personne qui vit dans l'angoisse : travaillez bénévolement dans un refuge pour femmes battues ou dans un centre d'aide aux victimes de viol.

Si vous êtes triste, esseulé ou désespéré, faites du bénévolat dans un local de soupe populaire. Mettez-vous au travail avec l'émotion que vous redoutez. Qui a dit : « Ne vous fâchez pas, organisez-vous ! » ? La réaction sociale permet non seulement de canaliser votre colère, mais aussi de découvrir l'espoir au cœur du désespoir, de repérer l'interconnexion au sein du chagrin partagé, de goûter la joie d'œuvrer dans le but de façonner un monde moins terrifiant. Déterminez votre action émotionnelle, peu importe son envergure, et lancez-vous !

CRÉATIVITÉ : CHANTER, DANSER, DESSINER, ET ÉCRIRE SOUS L'INSPIRATION DE VOTRE BLESSURE ÉMOTIONNELLE

La créativité est le guérisseur ultime. Je suis tout à fait convaincue que des millions de personnes sont profondément déprimées parce qu'elles n'arrivent pas à trouver une façon d'exprimer leur créativité. Ce besoin est en fait un appel intérieur que chaque être se doit d'extérioriser. Il n'est réservé qu'à certaines personnes talentueuses. Au contraire, c'est un don que nous pouvons tous exploiter afin de faire circuler les émotions accumulées en nous et, ainsi, amener une plus grande vitalité dans notre vie.

Dans le cadre de mon travail, j'ai recours à du matériel artistique pour faire ressortir le pouvoir créateur des individus afin de susciter une meilleure évacuation des émotions. Les personnes plus timides auront tendance à dessiner au lieu de danser ou de chanter. Je demande donc à ces gens de dessiner à partir du cœur de leur chagrin, de leur peine, de leur désespoir ou de leur colère. Le dessin lie plus rapidement la personne à l'énergie de ses émotions que le fait d'en discuter simplement.

Chanter et danser sont aussi des moyens que nous pouvons choisir pour laisser libre cours à nos blessures émotionnelles. Battez du tambour en laissant le son de ses battements libérer votre colère. Chantez votre peine tout en permettant à la mélodie de la faire ressortir. Dansez votre désespoir afin de trouver dans le mouvement un réconfort et une énergie renouvelée. Sculptez vos peurs pour que celles-ci prennent forme dans la glaise. Tous ces exutoires créatifs vous enseignent, par le plaisir et la créativité, non seulement comment libérer votre surplus émotionnel mais aussi comment rétablir la connexion corps ou esprit.

EXERCICE 13. DANSER LA CHORÉGRAPHIE DE VOTRE COEUR

Si chanter n'est pas votre truc, essayez la danse ! L'idée est la même : laissez la chorégraphie s'élever du corps et du cœur, sans délibérément dicter les pas. Vous pouvez danser au son de la musique qui vous relie à votre chagrin, à votre peur ou à votre désespoir. (Les CD et vidéos de Gabrielle Roth offrent une musique merveilleuse sur laquelle danser).

EXERCICE 14. LES TROIS PRIÈRES DE BASE

Si vous êtes capable de dire « Aidez-moi », « Merci » et « Je m'abandonne », alors vous êtes capable de prier. Ce sont là les trois prières de base.

→ Aidez-moi est la prière qui s'élève spontanément de n'importe quel être confronté à des difficultés. Quand la vie vous accule au pied du mur, vous dites : Dieu, aidez-moi. Ou alors, vous vous rendez compte que si vous êtes incapable de lancer cet appel au secours, vous sombrez dans l'amertume, dans un sentiment d'impuissance, d'isolement ou dans la dépendance. Lorsque vous avez peur ou si vous pleurez, vous sentant même désespéré, sollicitez de l'aide.

D'après mon expérience personnelle, la prière Aidez-moi est presque toujours exaucée. Quand ma fille Esther était bébé, elle n'avait pratiquement aucun tonus musculaire et vint un temps où la porter fut très difficile pour moi. Comme elle n'a pas su marcher avant l'âge de trois ans environ, il a donc fallu que je la prenne souvent dans mes bras et je ne mesure qu'un mètre cinquante, sans compter que je n'ai pas les muscles d'Arnold Schwarzenegger.

À cette époque, soulever ma fille Esther m'épuisait complètement. Mais j'ai soudain remarqué une chose : si j'implorais Dieu de m'aider juste avant de la prendre, j'y parvenais plus facilement. J'arrivais à la soulever et à la porter sans ressentir de pression dans le dos. Cette prière ne m'a jamais laissée tomber ; elle était toujours exaucée illico. C'est simple, dites « Je vous en prie, aidez-moi », puis soyez patient et tendez l'oreille pour saisir la réponse. Peu importe que vous adressiez votre invocation à Dieu, à la déesse, à une puissance supérieure, à un saint, aux anges, aux esprits, à vos ressources intérieures ou à l'univers. Pour solliciter de l'aide, aucune théologie n'est requise.

Il suffit de reconnaître que vous ne pouvez continuer seul ; voilà l'unique condition préalable à cette oraison. Réclamez des secours spécifiques, par exemple : aidez-moi à être plus patient, plus aimant, plus ouvert ; à m'occuper de moi, à me plier à votre volonté. Peu importe l'état déplorable où vous vous trouvez, requérir un coup de main est toujours possible.

→ Merci est la deuxième prière de base. « Le monde déborde de miracles, disait Baal Shem Tov, mais nous nous voilons les yeux et refusons de les voir. » Éprouver de la gratitude pour les prodiges de la vie est l'un des meilleurs moyens d'ouvrir votre cœur et de vous abandonner à ce qui est. Si le cœur est ouvert, les blessures émotionnelles opèrent leur alchimie. Même si vous souffrez, vous êtes toujours en mesure de voir ce que vous avez et d'en être reconnaissant.

À vrai dire, dans les moments difficiles, Merci est la prière qui s'avère la plus essentielle. Merci pour mon corps, pour mes yeux, pour ces fleurs ou cet arbre à ma fenêtre, merci pour l'instant présent. Il y a toujours une chose pour laquelle remercier. Et exprimer cette gratitude vous extirpe du drame de la souffrance échafaudé par l'ego et vous repositionne dans une perspective plus vaste.

→ Je m'abandonne. Cette troisième prière paraît pusillanime, mais c'est en réalité l'une des plus puissantes. Dans votre volonté est ma paix. Voilà la prière qui pose problème pour la plupart d'entre nous, car elle s'énonce en termes crus : « Je ne suis pas aux commandes, ici » et nous préférons esquiver cette réalité. Chaque matin, ma fille Esther part pour l'école et moi je fais la prière suivante : Dieu, je remets cette enfant entre tes mains et te prie de la guider et de veiller sur elle.

Puis, je m'abandonne au fait que je ne suis pas en mesure de la protéger. Peu importe sa fragilité, sa tendance aux fractures, aux dislocations, aux chutes, je ne peux rien faire pour l'aider à passer la journée. Il ne me reste qu'à prier, puis à renoncer à mon besoin de contrôler ses mouvements. Lorsque vous faites cette prière d'abandon, gardez l'attention centrée sur le cœur et constatez que celui-ci ne tient pas du tout à s'abandonner.

Observez dans votre poitrine les constrictions, les contractions, le « Il n'est pas question que je renonce à ma suprématie ! ». Imaginez ensuite votre cœur comme un poing fermé. Sentez toute la souffrance qu'il retient ainsi et laissez votre poing s'ouvrir, les doigts du cœur se détendre. Ouf ! Quel soulagement !

EXERCICE 15. AMUSEZ-VOUS !

Ne vous privez pas des bonnes choses de la vie, peu importe le poids de votre chagrin, l'intensité de votre peur ou de votre désespoir. Faites une balade, respirez le parfum des fleurs. Jouez avec vos enfants. Déconnez ! Les masques de gorille ne conviennent pas à tout le monde ; découvrez la folie qui vous correspond. Risquez le ridicule.

Songez à deux ou trois moyens de vous prendre moins au sérieux et mettez-les en pratique chaque semaine sinon au quotidien. En des époques tumultueuses, l'humour nous préserve. Racontez des blagues et des histoires drôles à vos potes, regardez des vidéos marrantes. Riez et pleurez en même temps. Voilà l'abandon émotionnel. Sortez, découvrez le fruit mûr et cueillez-le ! Respirez son arôme, puis savourez-le ! Laissez le jus couler sur votre visage.

Soyez heureux !!

Copyright © 2023 – Éditions No Limits Books

Tous les droits sont réservés. Aucune partie de cette publication ne peut être reproduite, distribuée ou transmise sous quelque forme ou par quelque moyen que ce soit, y compris la photocopie, l'enregistrement ou d'autres méthodes électroniques ou mécaniques, sans l'autorisation écrite préalable de l'éditeur, sauf dans le cas de brèves citations incorporées dans les critiques et certaines autres utilisations non commerciales autorisées par la loi sur le droit d'auteur. Toute référence à des événements historiques, à des personnes réelles ou à des lieux réels peut être réelle ou utilisée fictivement pour respecter l'anonymat. Les noms, les personnages et les lieux peuvent être le produit de l'imagination de l'auteur.

Imprimé par Amazon

Printed in Poland
by Amazon Fulfillment
Poland Sp. z o.o., Wrocław